清华·国有企业研究丛书

ACHIEVEMENT-SHARING
MECHANISM

共享机制

宋志平 著

机械工业出版社
CHINA MACHINE PRESS

图书在版编目（CIP）数据

共享机制 / 宋志平著 . —北京：机械工业出版社，2023.3（2023.9 重印）

（清华·国有企业研究丛书）

ISBN 978-7-111-72592-3

I. ①共…　II. ①宋…　III. ①企业管理 – 资源共享 – 研究 – 中国　IV. ① F272

中国国家版本馆 CIP 数据核字（2023）第 050296 号

共享机制

出版发行：机械工业出版社（北京市西城区百万庄大街 22 号　邮政编码：100037）

策划编辑：吴亚军　　　　　　　　　　　　责任编辑：吴亚军　伍　曼

责任校对：韩佳欣　张　薇　　　　　　　　责任印制：刘　媛

版　　次：2023 年 9 月第 1 版第 4 次印刷　　印　　刷：涿州市京南印刷厂

开　　本：170mm×230mm　1/16　　　　　印　　张：17.25

书　　号：ISBN 978-7-111-72592-3　　　　定　　价：89.00 元

客服电话：（010）88361066
　　　　　（010）68326294

PUBLICATION NOTES ● **出版说明**

本书是由清华大学中国现代国有企业研究院策划推出的国有企业研究丛书之一。作为重要学术研究成果，清华·国有企业研究丛书旨在展现中国全面深化国资国企改革的理论与实践成果，构建中国特色现代国有企业制度理论体系。同时，本书还获得了北京水木现代国有企业研究院的大力支持。

清华·国有企业研究丛书立足于国有企业改革的重点、难点问题，丰富和深化中国特色现代国有企业制度理论体系，坚持现实与历史相结合、理论与实践相结合，突出解决中国问题和总结中国经验的学术研究导向，专注于中国特色现代国有企业研究的现实性和可操作性，为中国国资国企改革实践建言献策。

党的二十大报告提出"中国式现代化",具体到国有企业改革与发展,就是完善中国特色现代企业制度。国有企业改革本质上是生产力与生产关系的相互作用,符合建设社会主义现代化和实现中华民族伟大复兴的客观需要。它是国有企业为适应社会主义市场经济体制而在体制、机制以及管理制度等方面所进行的改革。国有企业改革的中心环节和核心内容是建立现代企业制度,增强国有企业活力,提高国有企业的经济效益。国有企业体制改革最终要落实到机制改革层面,健全公司法人治理结构、投资风险控制机制和内部监督管理机制,建立适应现代企业制度要求的选人用人和激励约束机制,推动市场化经营机制改革,在劳动、人事、分配等方面深化改革。在贯彻新发展理念和推动共同富裕的进程中,国有企业的机制改革,特别是市场化经营机制和激励机制改革,关键在于所有者、经营者和劳动者要能共享企业发展的成果,对企业成果贡献者都要有激励。

　　《共享机制》是中国上市公司协会会长、中国企业改革与发展研究会会长、清华大学中国现代国有企业研究院学术委员会主席宋志平的一部最新力作。宋志平会长拥有 40 年的企业管理实践经验，近年来著书立说，撰写了多部管理著作，涉及从政策解读、公司治理机制，到上市公司治理水平提升、数字化转型等诸多方面，不仅掀起了广大读者的学习热潮，还引发了热烈的讨论。宋志平会长的著作记录和研究了国有企业改革与发展的历程，探索了其中的规律性路径，对于企业的高质量发展和竞争力增强具有十分重要的借鉴意义。

　　清华大学中国现代国有企业研究院（简称"研究院"）非常重视有关国有企业改革与发展的理论和实践研究，专注于中国特色现代国有企业研究的现实性和可操作性，致力于在全球共同话语体系和价值体系下解读中国特色国有企业改革。研究院组织大量人力，加大投入，围绕国有企业改革与发展的热点问题开展了一系列研究。目前，研究院正在与宋志平会长一起开展国有企业改革方面的合作研究项目，《共享机制》就是该项目的研究成果之一。

　　全书共分为三篇。第一篇从共享理念、共享经济、共享企业、共享机制和共享型企业家五个方面，构建了完整的共享逻辑体系。第二篇主要是宋志平会长这些年来深度思考的一些问题，比如企业的目的、企业家精神、国有企业改革、混合所有制改革等，要言不烦，细细品读可以体会到宋志平会长从分配规则、激励机制到共享机制等方面的洞见。第三篇选择了 12 家企业、科研院所作为共享机制的实践案例，既有宋志平会长扎根中国建材集团 40 年工作期间的企业案例，也有他深入了解或走访过的其他企业和科研院所的实践案例。这些案例聚焦企业、科研院所在经营发展过程中的机制设计和实际操作，总结和提炼它们的实践经验与内在规律，供广大企业、科研院所学习和借鉴。

　　《共享机制》这本书不仅适合国有企业的经营管理人员、技术人员和业务骨干阅读，也适合民营企业、混合所有制企业、科研院所的管理人员和业务骨干阅读，还可供管理、经济领域的专业研究人员进一步了解我国国有企业改革与发展的实践历程，启发新的思路。我想把这本书推荐给大家，相信每一位读者都会有自己的阅读收获。

白重恩

清华大学经济管理学院院长、弗里曼讲席教授

清华大学中国现代国有企业研究院院长

2023 年 1 月于北京清华园

CONTENTS ● **目录**

第三篇 ● 共享机制的实践

第一篇

共享的逻辑

· · ·

　　2015 年 10 月 29 日，党的十八届五中全会提出了"创新、协调、绿色、开放、共享"的新发展理念。基于新发展理念，我这些年一直在思考"共享"这个话题。我所思考的"共享"不同于大家平时讨论较多的共享单车、共享充电宝等层面的"共享"，而是围绕新发展理念中的"共享"展开的，主要探讨的是社会的公平正义、财富的分配、企业的机制等。

　　这种共享会让人自然地联想到共同富裕。2021 年 4 月 30 日，中共中央政治局会议强调"制定促进共同富裕行动纲要，以城乡居民收入普遍增长支撑内需持续扩大"。同年 8 月 17 日，习近平总书记主持召开中央财经委员会第十次会议，研究扎实促进共同富裕等问题，并发表重要讲话强调"要坚持以人民为中心的发展思想，在高质量发展中促进共同富裕"。显然，共同富裕体现的是宏观层面的共享逻辑。随着第四次工业革命的兴起、疫情对世界经济的冲击，越来越多的企业家意识到，企业要与周围的环境、社区等利益相关者和谐共存、共同发展，这体现的是微观层面的共享逻辑。在新发展理念提出的背景下，我将共享的逻辑总结为五个方面：共享理念、共享经济、共享企业、共享机制和共享型企业家。

共享理念

在"创新、协调、绿色、开放、共享"新发展理念中，创新注重的是解决发展动力问题，着力实施创新驱动发展战略，创新是引领发展的第一动力；协调注重的是解决发展不平衡问题，着力增强发展的整体性协调性，协调发展是制胜要诀；绿色注重的是解决人与自然和谐共生问题，尊重自然、顺应自然、保护自然，是全面建设社会主义现代化国家的内在要求；开放注重的是解决发展内外联动问题，依托我国超大规模市场优势，以国内大循环吸引全球资源要素，增强国内国际两个市场两种资源联动效应；共享注重的是解决社会公平正义问题，着力践行以人民为中心的发展思想，发展为了人民、发展依靠人民、发展成果由人民共享。

习近平总书记指出："共享理念实质就是坚持以人民为中心的发展思想，体现的是逐步实现共同富裕的要求。"共享是中国特色社会主义的本质要求，共享发展特别强调发展机会、发展过程和发展成果的共享。共享发展的内涵主要体现在四个方面。一是全民共享,这是就共享的覆盖面而言的。共享发展是人人享有、各得其所,不是少数人共享、一部分人共享。二是全面共享,这是就共享的内容而言的。共享发展就要共享国家经济、政治、文化、社会、生态各方面建设成果,全面保障人民在各方面的合法权益。三是共建共享,这是就共享的实现途径而言的。共建才能共享,共建的过程也是共享的过程。要充分发扬民主,广泛汇聚民智,最大激发民力,形成人人参与、人人尽力、人人都有成就感的生动局面。四是渐进共享,这是就共享发展的推进进程而言的。共享发展必将有一个从低级到高级、从不均衡到均衡的过程,即使达到很高的水平也会有差别。这四个方面是相互贯通的,要整体理解和把握。

邓小平同志在"南方谈话"中指出:"社会主义的本质,是解放生产力,发展生产力,消灭剥削,消除两极分化,最终达到共同富裕。"回顾改革开放 40 余年的历程,社会主义的本质在实践上就是从"解放生产力"到"共同富裕"的推进过程。在共同富裕的道路上,我们首先完成了"保基本"的任务,历史性解决了绝对贫困问题,取得了脱贫攻坚的伟大胜利。我国贫困人口从 2012 年年底的 9899 万人逐年递减,到 2020 年实现了绝对贫困人口"归零",到 2020 年 11 月底,全国 832 个贫困县已全部摘帽,区域性整体贫困基本得到解决,为世界减贫与发展贡献了中国智慧。从共同富裕的另一面来看,我们通过多劳多得、让一部分人先富起来,建立了坚实的经济基础,但在这个过程中也出现了收入差距、城乡区域公共服务水平差距扩大等问题。可见，在共享改革发展成果上，还存在需要进一步完善的地方，因而贯彻共享理念显得更为迫切。

2007 年，在全球经济增长乏力的背景下，亚洲开发银行基于对此前"发展"理念的重新思考，首先提出了"包容性发展"的理念，强调了社会发展过程中不仅要关注经济增长，还要顾及社会、教育、医疗等各个方面的共同发展。今天，我们所谈的共享理念则在"包容性发展"的基础上又向前迈了一大步，强调了我们最终要实现什么样的目标。

面对我国社会主要矛盾变化带来的新特征新要求，党的十九届五中全会提出了 2035 年基本实现社会主义现代化的远景目标，并将"全体人民共同富裕取得更为明显的实质性进展"作为其中的重要内容。习近平总书记强调："共同富裕是社会主义的本质要求，是人民群众的共同期盼。我们推动经济社会发展，归根结底是要实现全体人民共同富裕。"党的二十大报告进一步把实现全体人民共同富裕摆在更加重要的位置，作为中国式现代化五大特征和本质要求之一，还将"逐步实现全体人民共同富裕"写入党章。坚持"共享"的目标，能够更好地把人民对美好生活的向往作为社会发展的动力，从而依靠人民创造历史伟业。因此，走发展成果由人民共享的共同富裕道路，是我们坚定不移地走中国特色社会主义道路的题中应有之义。

时代的进步，令共享理念的落地具备了更加充分的条件。"天下大同"的思想根植于我国古老而灿烂的传统文化，代表着人类对未来社会的憧憬。但是长久以来，受到生产力的限制，社会创造的财富始终相对匮乏，而且大部分劳动者被束缚于简单的重复性劳动，更多被视为劳动力要素，参与有限的收入分配，使得这种共享的理念停留于美好的愿望。伴随着新一轮科技革命和产业变革的不断深入，一方面，科技进步水平加速提升，社会生产力高速发展，生产效率大大提高，大量财富被创造出来，使得共享理念的落地更具条件；另一方面，包括人所掌握的知识、经验、能力和数据在内的人力资本在财富创造过程中发挥着越来越重要的作用。在写字楼里处理海量数据与文案等需要专业人才的经验、能力和智慧，在工厂里运行复杂设备同样依赖于训练有素的技术人员的专业操作，财富创造方式的变化令更广泛的人力资本参与共享，成为推动技术创新和经济增长的必然举措。

共同富裕赋予了企业新的使命，需要将企业过去的激励机制上升为共享机制。过去，我们习惯上认为，企业是所有者的，资本只有实物形态，即现金、厂房、土地、机器等，而现在要将企业中的人视为人力资本，这是一个重大转变。通过股权激励、岗位分红、员工持股、超额利润分享和跟投等，让广大员工不仅享有工资和奖金，还能像金融资本一样分享企业创造的财富，让企业成为共享的平台，成为助力共同富裕的平台。

共享理念是破解全球性收入分配两极分化问题的"金钥匙"。过去30年来，收入分配差距的扩大和不平等的加剧在全球范围内引起广泛关注。法国经济学家托马斯·皮凯蒂在《21世纪资本论》一书中指出，20世纪70年代，美国收入最高的10%人群的总收入约占整个国民收入的35%，40余年后这一比例已经上升到50%。瑞士信贷发布的《2022年全球财富报告》进一步显示，截至2021年年底，全球最富有的10%人群拥有全球82%的财富，其中，最富有的1%人群就拥有近一半（46%）的财富；而处于全球财富底层的50%人群拥有不足1%的财富。

当然，其中的原因是多种多样的。皮凯蒂进一步指出，收入由劳动收入和资本收入组成，超级CEO（chief executive officer，首席执行官）的兴起加大了劳动收入的差距，而前1%人群和剩下99%人群之间资本收入差距更大，因为前1%的人群的大量财富主要是以资本形式存在并稳定增长的，而剩下人群中的50%几乎没有任何资本收入。诺贝尔经济学奖得主约瑟夫·斯蒂格利茨在《重构美国经济规则》⊖一书中也指出，美国20世纪90年代以来不平等现象的加重、经济增长的放缓，均归根于规则和权利机制出现问题，导致国家以长期创新和增长受挫为代价，换取了公司权利和短期收益。他认为这一趋势需要尽快扭转，并呼吁通过各种手段增加劳动者报酬，鼓励以技术、知识、管理为代表的人力资本要素更多地进入分配体系。

党的二十大开启了全面建设社会主义现代化国家、全面推进中华民族伟大复兴的新征程。我们既要保持合理的经济增长速度做大

　　⊖　本书中文版已由机械工业出版社出版。

"蛋糕"，又要分好"蛋糕"，以解决社会的公平正义问题。共享发展是实现社会公平正义和逐步共同富裕的根本途径。人民是共享发展的主体，享有的既可以是发展的成果，也可以是发展的机会。在共享理念下，要让一切劳动、知识、技术、管理、资本都充满活力、竞相迸发，积极共创共享社会财富，逐步实现共同富裕，这也将为解决全球性收入分配两极分化问题贡献中国智慧、中国方案、中国力量。

共享经济

  2022 年 10 月 12 日，由国家市场监督管理总局、国家标准化管理委员会联合发布的《共享经济指导原则与基础框架》（GB/T 41836—2022），对共享经济进行了如下界定："共享经济是资源供给者通过平台与资源使用者进行资源共享的经济模式。"而本书所讨论的"共享经济"主要是指经济成果的共享，强调通过初次分配实现人力资本和金融资本的共享，扩大中等收入群体，抑制收入分配的两极分化。

  世界经济论坛创始人克劳斯·施瓦布在《利益相关者》一书中指出，世界上目前盛行两种经济制度：一种是在美国和其他许多西方国家占主导地位的股东资本主义制度，也就是股东至上的资本主义；另一种是在新加坡等许多新兴市场日益流行的国家资本主义制度，即国家在经济发展过程中发挥着重要作用。在过去的几十年中，这两种经济制度都带来了巨大的经济进步和繁荣，但也造成了一系列负面影响，比如收入、财富和机会的不平等程度加剧，富人和穷人之间的关系紧张，以及环境的大规模恶化。究其原因，这两种经济制度更加关注的是个体的排他性目标，即某个企业的利润或某个国家的繁荣，而忽视了全人类和整个地球的福祉。

因而，施瓦布提出了一种新的经济制度——利益相关者资本主义。在此制度下，经济和社会领域的所有利益相关者都被考虑在内，其中，人类和地球是天然的利益相关者，处于中心位置，而政府、企业、人民社会和国际社会是可以优化人类和地球福祉的四个关键利益相关者。从这个角度来看，顾及利益相关者的经济模式就是共享经济。这一设想很契合我国儒家文化追求和谐的思想，也和我国的新发展理念有异曲同工之处。2012 年党的十八大报告明确提出要倡导"人类命运共同体"意识，也就是围绕着人类和地球，把相关者都关联起来，形成一个包容、共享的经济体系。

施瓦布将辅助性原则[⊖]作为实现利益相关者资本主义的首要原则。他以全球气候危机为例指出，只有当全世界的人们都朝着同一个方向努力时，气候行动才会产生明显的效果。其实，这就蕴含了共建、共生、共享的原则。利益相关者资本主义的实现是以价值共创和价值共享为基础的，只有当社会中的所有人都繁荣而富足，而不是只有其中一小部分人兴旺发达时，这个社会才算发展到最好。要实现共享经济也是同样道理，共享经济需要大家共同参与建设，而不能一些人努力、另一些人坐享其成。

⊖　辅助性原则主张决策的做出应该在尽可能具体的层面——尽可能靠近该决策影响最为显著的地方。

　　过去 40 年中国经济腾飞过程中，我们凭借中华民族的勤奋和智慧，充分利用技术外溢效应，通过借鉴技术、重新配置资源、改革体制等方式获得了赶超型的发展速度。如今，在世界范围内由数字技术支持的互联网经济将进入智能智慧时代的背景下，中国更需要大力发挥创新作用，以在国际竞争中占据优势地位，而创新就需要强有力的人才资源基础。党的十八大以来，习近平总书记就科技强国发表的系列讲话中，多次强调"科技创新""制度创新""人才创新"的重要性，强调加快实施人才强国战略，确立人才引领发展的战略地位。党的十九大报告指出，"要培养造就一大批具有国际水平的战略科技人才、科技领军人才、青年科技人才和高水平创新团队"。党的二十大报告指出，"必须坚持科技是第一生产力、人才是第一资源、创新是第一动力"。

　　人才是实现民族振兴、赢得国际竞争主动的战略资源，是发展新阶段提高全要素生产率、拓展比较优势的关键。目前，我们正处于人口大国向人才强国转变的关键时期，更需要以"共享"为核心营造产生创新人才红利的新政策空间，鼓励具备创新能力和创新精神的人才承担创新风险、分享创新收益，激发人才的创新活力，赋能人才结构的转型升级、新劳动力的供给，从而为新发展格局的构建提供更优质的人力资源，创造"高端人力资源红利"。而人力资源红利的释放，必将有利于优化劳动力、资本、土地、技术、管理等要素的配置，实现生产要素向效率更高的产业和行业集中，从而为我国经济由中等收入阶段迈向高收入阶段提供强有力的支撑。

改革开放以来，我国的收入分配制度发生了深刻变革，从主张实行单一的按劳分配原则到逐步建立起生产要素按贡献参与分配的制度。20世纪80年代，我们坚持按劳分配原则，后来，党的十三大报告提出"在以按劳分配为主体的前提下实行多种分配方式"；党的十四届三中全会提出"允许属于个人的资本等生产要素参与收益分配"，明确了个人资本作为生产要素参与分配的权利；党的十五届四中全会提出"实行董事会、经理层等成员按照各自职责和贡献取得报酬的办法"，认可了管理作为生产要素参与收入分配；党的十六大报告提出"确立劳动、资本、技术和管理等生产要素按贡献参与分配的原则，完善按劳分配为主体、多种分配方式并存的分配制度"，把劳动、资本、技术和管理明确列为参与分配的生产要素；党的十八届三中全会进一步加入了知识这一生产要素；党的十九届四中全会首次增列了数据作为生产要素，这意味着包括知识、数据在内的所有生产要素都将由市场评价贡献、按贡献决定其报酬。

在此基础上，2020年出台的《中共中央国务院关于构建更加完善的要素市场化配置体制机制的意见》进一步提出：一是着重保护劳动所得，增加劳动者特别是一线劳动者劳动报酬，提高劳动报酬在初次分配中的比重；二是全面贯彻落实以增加知识价值为导向的收入分配政策，充分尊重科研、技术、管理人才，充分体现技术、知识、管理、数据等要素的价值。这是提高初次分配效率和公平度的重要举措，有利于进一步激发全社会的创造力和市场活力，推动经济发展质量变革、效率变革、动力变革。

党的二十大报告明确指出：分配制度是促进共同富裕的基础性制度。

- 坚持按劳分配为主体、多种分配方式并存，构建初次分配、再分配、第三次分配协调配套的制度体系。
- 努力提高居民收入在国民收入分配中的比重，提高劳动报酬在初次分配中的比重。
- 坚持多劳多得，鼓励勤劳致富，促进机会公平，增加低收入者收入，扩大中等收入群体。
- 完善按要素分配政策制度，探索多种渠道增加中低收入群众要素收入，多渠道增加城乡居民财产性收入。
- 加大税收、社会保障、转移支付等的调节力度。
- 完善个人所得税制度，规范收入分配秩序，规范财富积累机制，保护合法收入，调节过高收入，取缔非法收入。
- 引导、支持有意愿有能力的企业、社会组织和个人积极参与公益慈善事业。

总的来说，这些制度的持续完善不仅使全体人民在共建共享发展中更有获得感，也为我国走共享经济道路、扎实推进共同富裕创造了条件。我国经济已由高速增长阶段转向高质量发展阶段，随着市场对知识、技术、管理等生产要素的需求增加，这些要素的稀缺度也会提高，进而，市场对它们贡献的评价就高，它们在收入分配中的比例也会相应提高。

共享企业

受到新发展理念的启发，我提出了共享企业的概念，企业的目的是让社会更美好，企业要关注利益相关者的利益。共享是企业自身存在的目的和意义所在，企业如果只为所有者创造财富，而没兼顾劳动者，那是不对的。

过去半个世纪，企业界对企业目的的看法发生了深刻的变化。诺贝尔经济学奖得主米尔顿·弗里德曼，1970 年最早提出了企业以股东为中心的原则，他认为"企业唯一的社会责任就是增加利润"，这一论断影响深远。20 世纪 70 年代到 21 世纪初，在美国大公司首席执行官组成的"商业圆桌会议"的影响下，从学术界到企业界，都将"企业的唯一目的是让股东利益最大化"视为天经地义的原则。很多企业家都在践行这一原则，比如杰克·韦尔奇带领通用电气创造了公司市值从 160 亿美元上涨到 6000 亿美元的华尔街奇迹。受到这一原则的影响，收入分配不公加剧，一般的劳动收入远低于资本收入，让人们产生不劳动就能创造财富的错觉。实际上，资本是上一级劳动的积累，没有资本就没有企业，但是随着社会的进步，拥有专业经验、知识和能力的人成为最重要的资本。今天看来，社会财富既离不开资本的投入，也离不开劳动的创造。

2019 年，近两百家美国大公司的首席执行官在华盛顿召开的"商业圆桌会议"上摒弃了"企业的唯一目的是让股东利益最大化"这一原则，并联合签署了《公司宗旨宣言书》，明确指出"企业应该照顾到所有的利益相关者的利益，除了股东外，还包括客户、员工、供应商以及企业所在的社区等"。如今，越来越多的有识之士认识到，企业应该成为劳动者、所有者以及其他利益相关者共享的平台。不少企业认为，最先进的做法是把客户的利益放在第一位，员工的利益放在第二位，然后才是投资者的利益。这样的企业被称为"觉醒企业"。如果企业只关心投资者的利益，一定是还没觉醒，当企业觉醒时，它就会与所有的利益相关者共享利益。

觉醒企业划定了企业发展的三重底线。时代发展到今天，企业一定要考虑环境保护、社会责任和利益相关者三重底线，这才是共享企业。

第一，企业应与环境共存，可以理解为企业肩负的环境保护责任，尤其要解决好企业与自然和谐共生问题。企业的生产经营活动必须尊重自然、顺应自然、保护自然，否则，就会遭受自然的反扑，这个规律是无法抗拒的。2020 年 4 月，世界气象组织在纪念"地球日"活动中发布的报告显示，从 1750 年工业革命至今，全球平均气温已经升高了 1.1℃，如果不加以控制，到 2100 年全球平均气温至少上升 4℃，那意味着海平面至少要升高 25 米，我们的地球将完全改变，恶劣的天气将是常态。最关键的是，有可能这种恶劣的环境不可逆，人类将无法控制事态走向。2020 年 9 月，中国明确提出力争在 2030 年前实现碳达峰、2060 年前实现碳中和的"双碳"目标。

企业占碳排放总量的主要部分，其中工业碳排放占比更高达 70%，因此，为了实现"双碳"目标，企业的意识和行动显得格外重要。2021 年 7 月，联合国机构发布了《企业碳中和路径图》，这是世界首份全面指导企业实现碳中和的重磅报告。该报告收录了来自美洲、欧洲、亚洲、非洲的 55 家企业的先进实践，其中包括中国宝武钢铁集团有限公司、华为技术有限公司（简称"华为"）等 13 家中国企业。显然，制定碳中和目标、实现公正的零碳未来是一项重要议题，在零碳之路上，企业的参与至关重要。在全球范围内，目前已有超过 800 家企业提出了自身的碳中和目标。

其实，环境保护和超额利润一直是企业面临的两难选择。过去很多企业对环境保护问题不够重视，甚至为了追求利润而违规排放，如今大部分企业的思想格局和行为已经发生了转变。在环境保护方面，绿色是担当，绿色是使命，绿色也是方向。中国联合水泥集团有限公司（简称"中国联合水泥"）"水泥＋"产业链延伸的综合一体化发展模式，保证了"一体化"链条上全程绿色，从产业链的起点到终点都坚持绿色发展，积极推进绿色制造、绿色管理，将绿色发展融入企业经营管理的各个环节，从采购到生产再到销售，都坚持绿色环保。中国联合水泥还积极推进水泥窑协同处理城市垃圾、危险废物、污染土壤等资源综合利用，站在环境保护、推动绿色发展的高度实现水泥业务的创新发展和可持续发展。

第二，企业的社会责任，体现在国家、地区和社区等层面。除了经济责任、政治责任外，企业还要积极履行社会责任。合法诚信经营，照章纳税，这是企业的本分。企业还要有家国情怀，奉献社会，回报社会，服务所在地区和社区建设。自从我担任中国上市公司协会会长以来，经常有人问我，什么才是好的上市公司？我说很简单，就是企业要做好三件事：效益好、治理规范、承担社会责任。谈到社会责任，万华化学集团股份有限公司（简称"万华"）积极组织"神奇实验室""博士讲堂"等科普活动，先后到访烟台、宁波、眉山等城市，以寓教于乐的形式让学生们了解化学知识，培养科学思维，激发创新热情。同时，万华不忘与当地政府、公益组织等密切合作，开展儿童关爱项目，用于改善儿童生活、教育环境，助力他们茁壮成长。

承担社会责任，现在已经成为广大企业的共识。但有人问，履行社会责任是否会有损企业效益？其实，在当今社会，积极履行社会责任反倒对于企业提升效益具有重要作用。过去我们讲效益好，更多指的是利润，而现在资本市场分析效益时，不只讲利润，更强调价值。例如，现在提倡上市公司要披露环境（environmental）、社会（social）和公司治理（governance）报告，即 ESG 报告，因为只有披露了 ESG 报告，投资机构才更愿意持有上市公司的股票。积极履行社会责任的公司，更有可能获得投资者的青睐。再如，为什么在资本市场特斯拉有那么高的市值？因为特斯拉是清洁能源车企，更加契合投资者对社会责任的预期。可见，我们今天在看待企业效益的时候，社会在评估企业价值的时候，实际上都已经考虑了社会责任。企业积极履行社会责任，不但不会有损效益，反而会提升效益。

第三，企业应考虑与利益相关者共存共荣。不赚钱的企业不是好企业，但只会赚钱的企业也不一定是好企业。企业应该让所有的利益相关者都能持续地创造价值、共享价值，服务好客户、给予员工尊严和尊重、将供应商视为价值创造的伙伴、服务好社会和社区等，而不应该仅仅为投资者提供投资回报。例如，卡特彼勒公司承诺 48 小时内在全球任何地方为它生产的车辆和设备提供零部件，麦当劳则要求员工丢掉那些不再冒热气的炸薯条，这些都是为客户提供良好服务的范本。

前段时间，我调研了一个独家生产国际知名品牌手机电池的上市公司。其间，负责人跟我说："只要我们企业按照规定的标准质量供货，就能保证稳定的价格和现金流。"我想，这背后反映的是供应商、客户等产业链上下游的利益相关者是如何相互对待的。下游知名品牌手机厂商给上游电池企业留出一定的利润空间，让企业生产的电池有质量保证，进而保证手机的质量，手机有市场，双方都有研发成果。产业链良性发展了，企业也都能做好。如果企业把产业链上厂商的利润都挤占了，企业自己恐怕也稳定不了，所以企业于人于己确实要考虑和利益相关者共存共荣。

共享机制

  企业的利益相关者，主要是那些在企业发展过程中能对企业生产经营活动产生重大影响的团体或个人。任何一家企业都不可能作为单一个体脱离于整个社会或是周围的环境，企业的发展离不开各种利益相关者的投入或参与，比如股东、债权人、供应商、员工、客户或消费者、政府，以及企业所在的社区等。企业不仅要为股东利益服务，也要保护其他利益相关者的利益。因为它们都是企业的资源，对企业的发展有着重大的影响。

  企业的发展到底靠什么？这些年来，大家总是强调管理，那管理的真谛又是什么呢？我认为，管理的真谛就是企业的利益相关者有没有积极性，尤其是员工（包括企业管理人员和普通员工）。员工有积极性，企业就有可能做好；员工没积极性，企业就很难做好。员工的积极性靠什么？那就是工作所带来的精神和物质层面的需求满足。

企业应是员工"乐生"的平台，要创造条件让员工可以通过努力实现梦想、收获幸福，要让辛勤工作的员工未来生活有保障。通过共建和共享，要让员工感到有未来、有希望、有奔头，这无论对个人、家庭，还是对企业、社会来说，都有非常重要的意义。其中的关键是什么？是机制，即企业效益和员工利益之间的正相关关系。换句话说，企业效益增加了，员工待遇就提高；企业效益减少了，员工待遇就降低，这就是共享机制。过去，一些国有企业（简称"国企"）缺乏这样的机制，干多干少一个样、干和不干一个样，员工没有积极性，企业适应不了市场竞争，导致企业经营陷入困难，最后只能走向政策性破产的道路。

共享机制不是平均主义，更不是"大锅饭"。共享机制的出发点是社会的公平正义，强调企业员工、技术骨干等人力资本通过员工持股、科技分红等在初次分配中实现与金融资本的利益共享。在分配制度上提升效率与保障公平，是社会稳定发展的必然要求，也是推进共同富裕的必要手段，但是，这并不意味着整齐划一的平均主义。中央财经委员会第十次会议指出，"扩大中等收入群体比重，增加低收入群体收入，合理调节高收入，取缔非法收入，形成中间大、两头小的橄榄型分配结构"。在收入分配中，初次分配是最基本的分配，所存在的问题要通过再分配和第三次分配来补充。所以，要打造庞大的中等收入群体，形成橄榄型分配结构，我们首先需要在初次分配上提高效率、保障公平。

赋能人力资本，共享发展，是新时代企业发展的必然要求。在技术迅猛发展的今天，如果掌握知识的人力资本无法共享企业创造的财富，企业就很难有活力。因而在财富分配上，企业要引入共享机制，既要照顾股东等企业所有者，也要照顾企业经营者和劳动者。"资本＋经营者＋劳动者"是企业机制的基础。企业财富既离不开资本投入，也离不开经营者努力和员工创造。在进行收入分配时，企业要在三者之间平衡，既要考虑所有者的利益，让所有者获得远高于社会平均利润的回报，所有者才会增加投资，扩大再生产；又要奖励优秀经营者，让他们充分发挥管理才能，尽心尽力地做好经营，把握市场机遇，做出正确决策，把企业经营好；还要照顾好广大员工，因为企业的财富是由他们劳动创造的。

企业中的创新往往是机遇与风险并存，因而需要建立创新者承担风险并共享收益的机制。全要素生产率的提高来自创新，包括技术创新、机制创新等。但是，创新从来不是所有企业齐头并进的，而是创新成功的企业进入并生存下来，创新不成功的企业退出，甚至死亡，创新就是在这样的动态变化中发生的，这就是经济学家熊彼特所说的"创造性破坏"。有关美国的经验研究显示，企业之间生产率竞争所引发的进入与退出、生存与死亡机制，对全要素生产率的提高来说大约有 $1/3 \sim 1/2$ 的贡献。因而，这就需要将具备关键创新能力的企业家、技术骨干纳入初次分配的共享机制，与资本所有者一起承担创新风险、共享创新收益。

可见，要有效调动资本所有者、经营者、劳动者、技术骨干等各方的积极性，就要建立共享机制，提升企业活力，做大"蛋糕"。

我亲历了过去 40 年的国企改革，对其中的机制改革这一主线有很深的体会。改革开放初期，我们尝试了放权让利、承包经营责任制、股份制改造等。在此过程中，为了解决平均主义和"大锅饭"问题，我们又进行了"劳动、人事、分配"三项制度改革，我称之为"老三样"。它着眼于提高效率，主要解决的是"干多干少一个样、干和不干一个样"的问题，奖勤罚懒，实现"能上能下、能进能出、能增能减"的效率改革。经过多年的改革，大部分国企的内部机制发生了显著变化，比如与工效挂钩的分配制度、对管理层的年薪考核制度等，调动了国企干部和员工的积极性，推动了国企快速发展。进入新时代，国企面临高质量发展的新要求，技术创新在提升生产力、参与全球竞争中的重要性日益凸显，"增强国有经济竞争力、创新力、控制力、影响力、抗风险能力"被提升到了前所未有的高度，进一步深化改革成为必然要求。

经过党的十八大以来在理论和实践上的大量探索，国企改革聚焦三件事：体制、制度、机制。体制改革要处理好国有经济、国有资本、国有企业之间的关系，制度改革要处理好所有者与经营者、决策者与执行者之间的关系，而机制改革要处理好企业效益和经营者、劳动者利益之间的关系。目前，国企在体制、制度改革上都有比较清晰的办法，而在机制改革上仍需要进一步发力。所以，我一直呼吁在企业中推行共享机制，即通过建立员工持股、科技型企业股权和分红激励、超额利润分享等中长期激励机制，让人力资本能在一定程度上参与财富的分配，这是推开国企改革的最后一扇门。

在国企改革三年行动中，提升国企活力和效率，是八项重要工作之一，也是改革发展的终极目标。例如，建立具有市场竞争优势的核心关键人才薪酬制度，推动薪酬分配向有突出贡献的人才和一线关键"苦脏险累"岗位倾斜，支持更多国企根据实际情况统筹运用各类中长期激励政策，等等。把这些政策用好，对国企吸引和留住优秀人才来说大有帮助，也有利于创造更好、更多的创新成果，不断提升企业的核心竞争力。

这几年，我有机会接触不同类型的企业，并与企业家进行深入的交流，这让我进一步体会到，机制不仅是解决国企效率问题的关键，也是解决混合所有制企业、民营企业（简称"民企"）发展问题的重中之重。发展势头好的企业往往是内部建立了一套科学有效的机制，并将自身打造为与员工共享的发展平台。杭州海康威视数字技术股份有限公司（简称"海康威视"）是一家混合所有制企业，通过不断探索符合市场经济背景和企业自身经营状况的共享机制，海康威视获得了高速发展，成为全球安防行业的龙头企业。成立初期，海康威视出于发展的目的引入自然人股东，2007 年自然人股东转让 16% 股份给当时的管理层和核心团队，开始实施员工持股。海康威视上市后，从 2012—2021 年实施了五期限制性股票激励计划。通过持续扩大股权激励的覆盖范围，海康威视努力让处于不同层级序列的员工共享发展成果，反过来，这也促进了公司业绩的达成和公司价值的持续增长。伴随着发展进入新阶段，海康威视以视频技术为核心，布局了智能家居、机器人、热成像、汽车电子、储存业务五大创新业务。海康威视的新业务探索出一种出资跟投与股票增值权相结合的新模式，集团及创新业务子公司人员均有机会参与，实现了上下联动，激励员工共同创业，将海康威视塑造为名副其实的创业发展平台。

再如，作为高新技术企业的优秀代表，小米科技有限责任公司（简称"小米"）在发展早期就设计了"现金＋股票"的弹性分配机制，按照员工自行选择的结果分成三种类型：全部现金、大部分现金＋少量股票、少量现金＋大量股票。小米在实现内部融资的同时，更是将管理者、技术型员工相继变为自己的股东，起到了留心留人的作用，从而让企业股权、产品价值、人力资源价值有机地联系起来，形成了一个闭环。

其实，企业建立共享机制并不难，但很多企业做不来，为什么呢？总结起来，关键在于以下两点。

第一，所有者既要开明，也要不断转变思想。财富不应被看成固定不变的常量，而应被看成可持续增加的变量（增量），与员工一起分享财富不是零和博弈，而是调动员工的积极性将"蛋糕"做大（做出增量）的过程。1993 年，我刚接任北京新型建筑材料总厂（简称"北新建材"）厂长时，发现员工精神懈怠，不好好干活。经过深入了解，得知北新建材多年没涨过工资，也没分过房子。我问员工："工资和房子在谁手里呢？其实，工资和房子都在大家手里，我们厂多创造点儿利润，涨工资、分房子又算得了什么呢？"

后来，我在厂区上空挂出两个气球，并在飘带上写着"工资年年涨，房子年年盖"，看起来非常朴素的两句话却洞悉了人心，将企业效益和员工利益结合起来，从而激发了员工的热情和潜能，北新建材迅速扭亏为盈，改制上市，逐渐发展成为全球最大的新型建材公司。又如，我从 2006 年开始带领中国建材集团有限公司（简称"中国建材"）在全国范围内联合重组了上千家水泥企业，并通过"三盘牛肉""三七原则"为民营企业家团队保留一定的股份，让他们共享重组的红利。共享不是简单地分"饼"，而是要把"饼"烙大，让大家都受益，而建立这种共享机制的核心是在思想上承认人力资本的价值，让人力资本和金融资本共同参与分配，共享企业创造的财富。

第二，采用适合企业自身的方式并形成可行的方案。在很多企业中，所有者意识到企业需要分享自身创造的财富，但是不知道该用什么工具，或者在方法上不会操作。其实，机制也不是一个新概念，清朝时，山西的晋商就有很好的机制，设立了银股和身股：银股就是金融资本，即东家；身股就是人力资本，包括掌柜、账房先生和伙计。到了年底分红的时候，东家分 50%，掌柜和账房先生分 25%，伙计分 25%，山西平遥票号等一批晋商就是在这样的机制下繁荣壮大的。

我们可喜地看到，在国企改革三年行动中，国务院国有资产监督管理委员会（简称"国资委"）推进市场化机制，不仅提供了科技型企业股权和分红激励、员工持股、上市公司股权激励、超额利润分享和跟投等中长期激励工具，还为每种工具制定了操作指引。不同国企可以根据各自实际情况而自主地选择这些工具，操作指引也有助于实施落地。不仅如此，很多成功探索这些工具的企业也成为鲜活的学习榜样，山东烟台的万华就是其中的一个典范。万华以生产人造革起家，曾经几度濒临破产，现在发展成为世界领先的化工龙头企业，靠的就是"技术创新 + 机制"。除了对技术创新的笃定追求外，万华保持竞争力的奥秘是它建立了一整套有活力的内部激励机制，包括员工持股、科技分红等，这些好的机制发挥了重要作用，通过"让人的创造性劳动按市场价值体现"，不断释放万华的"工程师红利"。

在科研院所中，也不乏机制创新方面的优秀案例。2006 年，中国科学院西安光学精密机械研究所（简称"西安光机所"）面对虽有雄厚的技术人才优势但"绝大多数科研成果都躺在实验室睡大觉"的现状，开始探索"人才 + 技术 + 服务 + 资本"的创新创业模式，通过"科研人员持股、技术团队和管理团队持大股"的激励方式，把科研成果转化的权责利捆绑在一起，最终实现围绕市场需求确定研发计划，彻底破解了这一产学研结合难题。目前，西安光机所产业化平台已经投资孵化了 400 余家硬科技企业。

在混合所有制企业中，地产行业标杆企业——万科企业股份有限公司（简称"万科"）的快速发展，得益于它的事业合伙人制度。就事业合伙人制度而言，万科在集团层面执行合伙人持股计划，在业务层面实行项目跟投计划，在执行层面推行"事件"合伙人制度，还有涉及离职创业员工的外部合伙人制度。这一整套制度不仅激发了万科经营管理团队的主人翁意识、工作热情和创造力，强化了经营管理团队与股东之间共同进退的关系，让公司效益、项目收益与决策者利益之间产生了直接联系，还促使了所有者和员工的利益紧密捆绑在一起，不断聚拢优秀人才，进而激发组织潜能、降低风险。

谈到好的机制，大家耳熟能详的华为"分钱术"也很值得我们研究。经过我与任正非之间的一次长谈，我认为，华为的成功秘诀是"企业家精神＋机制"，企业家就是任正非，而机制就是这套"财散人聚"的方法，即华为"分钱术"。正如任正非所说，"钱分好了，管理的一大半问题就解决了"。把财富更多地分给干部和员工，不仅增强了企业的向心力和凝聚力，还提高了企业的创新力和竞争力。

共享型企业家

　　党的十八大以来，习近平总书记高度重视企业家群体在国家发展中的重要作用，多次强调要弘扬企业家精神。党的二十大报告再次提出"弘扬企业家精神"，无疑让企业家倍感振奋。无论做大"蛋糕"还是分好"蛋糕"，作为发展经济、创造财富、扩大就业的主体，企业都发挥着不可替代的重要作用。当今社会主要以企业的形式创造财富，而带领企业创造财富的就是企业家。

　　一些专家和学者认为，企业家把企业做好，纳税越多，对社会就越有贡献，不仅推动了经济繁荣，还发工资养活了员工。其实，这句话只讲对了一半，我国社会的确需要企业家，尤其是改革开放初期，企业就是在党的领导下由企业家带领员工一起奋斗出来的。反过来，企业家离不开员工，没有员工，企业家能够独自创造出财富吗？企业家也离不开客户，没有客户，企业家还能有用武之地吗？等等。财富创造不是仅靠企业家就能实现的，还需要员工、客户、供应商、股东，以及企业所在的社区等。因而，企业家要正确理解个人与这些利益相关者的关系，充分认识财富的创造离不开这些利益相关者。企业家要有感恩之心，要能兼顾这些利益相关者的利益，我称之为共享型企业家。

实际上，企业家做企业就是做人的工作。如何才能让员工发自内心地喜欢自己的企业，愿意来自己的企业工作，愿意为它的长久发展去奋斗，这需要企业家在员工的脑海中投射出记忆点或闪光点。我曾提出过做企业的"三个信心"，即"没有比客户对企业有信心更重要的事，没有比员工对企业有信心更重要的事，没有比投资者对企业有信心更重要的事"。这"三个信心"到底哪个更重要呢？它们都重要。而要留住"三个信心"，员工的信心最为基础。员工的信心比黄金还重要，员工有信心就能推动企业成长，客户和投资者的利益才能得到保证。

企业家只有真心实意地对员工好，让员工与企业共同成长，激发员工的积极性和创造性，员工才能发自内心地为企业创造效益，企业家才能获得持续的成功。西方管理学家说，你怎么对待你的员工，你的员工就会怎么对待你的客户。如果企业对员工漠视，员工对客户也会漠视，企业就会走下坡路。作为社会经济活动的重要力量，企业家要秉持爱国、奉献、创新等优秀品质，努力成为社会经济高质量发展的稳定器，做大"蛋糕"，合理提高劳动报酬，与劳动者共享发展成果，充分调动劳动者的归属感、认同感和积极性，形成良性发展机制。

　　企业家也要牢记底线思维和责任意识，尤其是高收入的企业家要向上向善、关爱社会，增强社会责任意识，积极参与和兴办公益事业。泰康保险集团创始人、董事长兼首席执行官陈东升曾提出，企业家与生俱来就有三重责任：一是为社会创造财富，二是为社会解决就业，三是为社会做应尽的公益和社会责任。企业家比普通人更会创造财富，不仅要让自己富起来，更要通过一定的机制带领广大员工富起来，要更多地回报社会，多尽社会责任。

　　2020 年 7 月 21 日，习近平总书记主持召开了企业家座谈会，充分肯定了企业家群体所展现出的精神风貌，明确提出了"增强爱国情怀""勇于创新""诚信守法""承担社会责任""拓展国际视野"五点希望，丰富和拓展了企业家精神的时代内涵，为新时代下弘扬企业家精神提供了思想和行动指南。对中国企业家来说，爱国是第一品质。企业营销无国界，企业家有祖国，这种家国情怀是新时代企业家应有的格局。同时，企业家要积极承担社会责任，要得到社会的认可和尊重。习近平总书记在讲话中还曾强调，希望企业家学习张謇，多回报社会，承担社会责任。张謇是一位清末民初的实业家、政治家、教育家。他一直倡导"实业救国"，是中国棉纺织领域早期的开拓者，一生创办了 20 多家企业、370 多所学校，为中国近代民族工业的兴起、教育事业的发展做出了宝贵贡献，是中国近代具有企业家精神的楷模。

　　谈到企业家的榜样，我还想起了已经 99 岁高龄的郭鹤年老先生。在中央电视台 2012 年的中国经济年度人物颁奖盛典上，当主持人宣布将全场唯一的"终身成就奖"颁给时年89岁的马来西亚华裔商人郭鹤年时，现场嘉宾纷纷起立，报以热烈而持久的掌声。郭老先生应邀给年轻一代企业家提了四点希望：一是做企业要专注聚焦；二是要有耐心；三是成功也是失败之母；四是有了财富要回馈社会，越多越好。我觉得郭老先生讲得特别好。"穷则独善其身，达则兼济天下。"企业家可能确实比普通人更会做企业，就这一点而言，社会要尊重、认可企业家。反过来，企业家赚了钱干什么？过去，我们讲企业救国、实业报国，如今在和平环境下，企业家还应该多支持教育、多帮助弱势群体。

我和福耀玻璃工业集团股份有限公司（简称"福耀玻璃"）董事长曹德旺有过较为深入的交流，他不仅被称为"玻璃大王"，还被称为"慈善大王"。他从2009年开始就一直致力于慈善事业，以父亲姓名成立了"河仁慈善基金会"，至今总计捐款已经超过120亿元，2021年又拿出100亿元筹建福耀科技大学。曹德旺跟我说，他这些年捐赠的钱不是公司的，都是自己的钱，上市公司的钱一分没动。他是个明白人，知道怎么对待自己的财富。财富多了，就支持教育，做慈善，多尽社会责任。2021年发布了一份"当代青年对民营经济的政治认知度调查"的报告，该报告以"资本感""爱国情"两个指数来调查年轻人眼中的企业家，在"爱国情"指数中，曹德旺排在第一位。他是我们要学习的榜样，有情怀，有格局。

我做了35年的大型企业领导人，亲历了企业机制的改革，带领两家央企进入了《财富》世界500强行列，深刻体会到共享对企业的重要意义。这几年，我同时担任中国上市公司协会、中国企业改革与发展研究会的会长，努力从新发展理念的高度来思考共享的逻辑。结合当下共同富裕这一核心议题，我进一步认识到共享的逻辑对每一个企业、每一位企业家来说都是格外重要的。

一方面，企业家今天做企业，学会运用共享机制很重要，只要遵循了共享的逻辑、建立了共享机制，无论国企，还是民企、混合所有制企业，都能形成强大的内生动力和外在竞争力。另一方面，企业家的共享对国家和社会来说也具有重要意义。企业是创造物质财富的主要来源，也是推动创新、实现社会目标的重要推手。国家统计局发布的有关数据显示，2021 年企业对我国 GDP 的贡献率超过 90%，企业研发费用占我国全社会研发费用的比重超过 75%。同时，企业是城市人口就业的主要来源，2021 年城镇就业人员占全国就业人员的比重超过 60%，而城镇企业就业人员占总城镇就业人员的比重接近 70%。因此，企业内部的共享，更有利于实现党的十九届五中全会提出的"市场主体更加充满活力"的目标；而围绕着企业利益相关者的共享，更是扩大中等收入群体，形成橄榄型分配结构，让社会更加公平、更加和谐的重要举措。

企业要为社会提供好的产品和服务，才能带领员工共同富裕。有创造财富能力的企业家，还应该更多地服务社会、回报社会，更多地关心企业的利益相关者。为了实现企业所有者、员工和整个社会的共赢，应该让更多企业家成为共享型企业家，在企业中建立多赢共赢的机制，这是实现共同富裕的有效路径。

第二篇

共享的机制与平台

• • •

　　越是看似简单的问题，越是需要我们深入思考，否则，自以为懂了，其实只是知道皮毛而已，甚至不懂。企业的目的是什么？什么是好企业？什么又是好企业家……这些都是我多年来一直在深度思考的问题。以前，我们会不假思索地回答企业的目的是股东利益最大化，而今天我们会说，企业的目的是让社会更美好。这是社会的进步，更是企业的进步。这看起来简单，其实并不简单，不少企业还没形成这样的认识，仍未觉醒。

　　在工业时代，企业把人当成机器看待。所谓科学管理，那是用"马表测时法"最大限度地提高工人的生产效率，精确安排人的时间和动作，以及人机物料的匹配。即使到了今天，企业的正常运营需要依靠人们所掌握的知识、技能、经验、智力等，就是"人力资本理论之父"西奥多·舒尔茨所说的人力资本，但是人力资本仍没能像金融资本那样得到合理的财富分配。提高劳动效率有助于企业创造更多的财富，而员工共享财富，成为企业真正的主人翁，可以增强员工的归属感，激发员工的工作热情，同样有助于企业创造更多的财富。但是，这绝不能让企业搞成平均主义和"吃大锅饭"，华为、中国建材、万华等企业实践已经证明，我们的企业完全能够创造出一种兼顾效率和公平的机制。

我深耕企业 40 年，做了 35 年的大型企业经营管理工作。在我的企业生涯中，我深刻理解企业的核心是人，提出了"企业是人，企业靠人，企业为人，企业爱人"，并践行了"以人为中心"这一企业管理理念。本篇主要是我多年来对企业的目的、企业家精神、国企改革、混合所有制改革、共享机制等在认识上的觉醒。我也希望更多的企业家能够进一步理解共享机制，做共享型企业家，让更多的企业成为共享平台，成为公平正义的微观主体，进而让企业所有者和员工共同成长。

企业的目的

　　谈到企业的目的，许多人会说就是为股东挣钱，更准确的说法是让股东利益最大化。因为企业是股东设立的，追求股东利益最大化天经地义。实际上，股东回报只是企业的目的之一，企业的目的应包含社会进步、员工幸福等。我们过去常说企业的持续发展要考虑利益相关者的利益，今天应该更加清醒地认识到，片面强调股东利益至上只会让企业发展短期化，失去持续发展的社会基础和员工支持，丧失活力。今天，企业的目的应该是让社会更美好，这也是"创新、协调、绿色、开放、共享"新发展理念的必然要求。

不应片面强调股东利益至上

　　长期以来，企业界一直以股东利益最大化为目标。1962 年，美国著名经济学家米尔顿·弗里德曼在《资本主义与自由》一书中提出："企业仅具有一种而且只有一种社会责任——在法律和规章制度的约束下，利用资源从事旨在增加利润的活动。"1970 年，弗里德曼在《纽约时报》上发文进一步阐明"企业唯一的社会责任就是增加利润"，这一论断得到了广泛认同。随后，在美国大公司首席执行官组成的"商业圆桌会议"的影响下，世界各地的企业一度理所当然地将利润作为企业存在的目的，片面强调股东利益至上。

公司是社会的，股东权利应有限度。在《中华人民共和国公司法》（简称《公司法》）下，股东只按出资额通过股东会行使相应权利，同时也只承担以出资额为限的相应责任，公司则拥有法人财产权，是自负盈亏的独立法人主体。从这个意义来看，公司是社会的，股东可以通过分红和买卖股票而获利，也可以通过股东会行使相应权利。

从经营责任来看，尽管由股东派出董事，但公司中的董事一经派出，就应该为公司负责，对公司担负无限责任。但是，现在有专家认为董事要对股东负责，这是片面的。正确的做法应该是要求董事对公司负责，只有这样，公司才不会被股东操纵，才会成为真正的独立法人主体。如果股东超越股东会的权利，去操纵董事会，股东就应该对公司承担无限责任。

过去那些年，由于过分强调股东利益至上，因此有的股东把董事会当成橡皮图章，董事也唯股东是瞻，某些股东通过董事会和管理层掏空公司的事情屡有发生。还有股东以短期套利为目标谋求上市公司的控制权，进而以短期市值为目标，诱使公司董事会和管理层减少技术创新等长期投资，再利用短期高利润拉升股价，最后高位减持获利。在这个过程中，管理层也拿到了高薪和奖励，却损害了员工利益等，这使一些上市公司沦为反复套利的工具，最后损害了公司的健康发展。

让员工与企业共同成长

提到企业，人们首先想到的可能是厂房、设备，其次是产品，最后是资本。但我认为，企业中最重要的是人，是那些富有奉献精神和创造力的管理者与员工。正确看待人是企业中最重要的事情。我以前在北新建材的时候，倡导"以人为中心"的企业管理理念，即"企业是人，企业靠人，企业为人，企业爱人"。

企业是人，是指企业是人格化的、人性化的，是有思想、有情感的经济组织，被大家赋予了一定的性格和特征。例如，说起华为，大家会想到任正非；说起海尔，大家会想到张瑞敏。

企业靠人，是指企业的一切都是由人来完成的，要靠领导者的带领以及广大干部员工的努力和付出，企业的所有成绩都来自大家的汗水。任何企业里最重要的还是人。记得德国西门子老总讲过，西门子这家公司遇到过很大的困难，但只要人在，几年后又是一个西门子。

企业为人，是指企业的经营目的归根到底是为了人。为哪些人呢？我觉得至少应该有这三类人：一是员工，二是客户，三是投资者。当然，今天我们讲企业的社会责任，是为了社会更美好。

企业爱人，是指企业要以仁爱之心待人。企业爱人，在企业之内，要发挥员工的积极性和创造性，关心和爱护员工；在企业之外，要积极履行社会责任，努力回馈社会，创造阳光财富，推动社会和谐发展。

人是企业最宝贵的财富。我常想，汉字真的是博大精深，企业的"企"字是"人"字下一个"止"字，就是说企业离开了人就停止运转、止步不前了。企业的财富、企业的进步都是由人来创造的。人是企业的主体，是推动企业前进的根本动力。坚持以人为中心，把实现人的幸福、人的价值作为企业发展的根本追求，这是我们任何时候都不能偏离的主线。

员工幸福应该是企业的目的之一。员工的利益在企业目标中应处于相对优先的位置，理应得到充分保护。企业也只有在让员工充分受益后，才能激发他们的积极性和创造热情。在西方国家的企业中，员工利益是通过强大的工会组织进行维护的，员工工资和待遇是通过劳资双方不断谈判确定与调整的。在我国企业"走出去"的过程中，有不少投资者对国外的工会组织很不习惯，恰恰反映出这些企业过去在国内经营过程中对员工利益的漠视。

正确对待员工利益，是企业进化的重要标志，是对企业财富创造者的一种尊重。过去，有关企业财富存在两种不同的看法：一种是认为企业财富是资本的增值，另一种是认为企业财富来自劳动者的创造。而在今天，社会普遍认为企业财富既离不开资本的投入，也离不开员工的创造，而且员工将在企业高质量发展过程中起到越来越大的作用。因此，财富分配时也应充分维护员工的利益，不能把员工当成会说话的"机器"。

其实，在企业的成本中，给予员工的关爱和待遇是投入产出比最高的。北新建材原来从德国引进的年产2000万平方米的石膏板生产线，每年最多只能生产800万平方米，但我当厂长第二年产量就达标了。工厂里的大量问题并不都是技术问题，而是管理问题、文化问题。工作能做好，从根本上得益于员工良好的心情和状态，得益于充分激发了员工的积极性和创造性。

做企业的根本目的是要为包括员工在内的社会大众服务，要让员工与企业共同成长。对员工而言，企业不仅是谋生的手段，更应是一个能让员工施展个人才华、实现自我价值、创造美好生活的平台。有了这样的平台，员工才能真正获得幸福，并将这种幸福转化为对企业的热爱和忠诚。

企业的目的是让社会更美好

企业的目的是企业行为的基础，这是一个根上的问题。企业需要赚钱，但是赚钱只是企业的目的之一。2019年，在华盛顿召开的"商业圆桌会议"发布了《公司宗旨宣言书》，重新定义了企业的宗旨，打破了股东利益的唯一重要性，强调"每个利益相关者都是至关重要的"。当然，这不是说股东利益不重要了，而是说只重视股东利益还远远不够。我觉得这份宣言才符合企业的真正目的，就是创造一个更美好的社会。

企业本身是一个经济组织，也是一个社会组织。企业的经济目的是鲜明的，那就是必须要有效益，而企业的社会目的也是鲜明的，那就是要为社会服务。企业的目的是让社会更美好，这更符合今天企业的情况，尤其是我国广大企业的实际情况。现在，企业要自觉践行"创新、协调、绿色、开放、共享"新发展理念，这对企业发展来说非常重要。

斯蒂格利茨在《重构美国经济规则》一书中指出，美国今天的经济规则出了问题，美国的社会重新回到了贫富两极分化状态。20世纪50年代，大萧条和战争使得当时的美国经济复苏疲软，失业率居高不下，社会贫富两极分化加剧。60年代到80年代中产阶层崛起，这个情况有所好转，但从90年代开始，美国社会的贫富两极分化又变得很严重。斯蒂格利茨强调，贫富两极分化其实是因为社会的经济规则出了问题，因此要重构美国经济规则。他还提出，包括互联网在内的这些创新经济模式究竟对社会是好还是不好，要看它是促进了社会的公平正义，还是加大了社会的贫富两极分化，而不能简单地认为只要是创新、只要是新经济，我们就一股脑地全都接受。

企业是实现共同富裕理想的基石，而这和机制有关。到底应该构建什么样的机制？到底该怎么分配利益？这始终是企业要面对和解决的问题。过去，企业分配很简单，就是按所有者投资比例分红。现在，企业既需要金融资本，也需要人力资本，这两种资本都应该作为生产要素而参与企业财富的分配。尤其是在今天的新经济和高科技时代，我们更应该重视人力资本，而不能只重视金融资本。

要想形成橄榄型的分配结构，创造更大的中等收入群体，企业在初次分配中就应引入机制，进行合理分配，让劳动者、人力资本都能获益。这不等于把所有者的财富都分给劳动者，而是大家一起把"饼"做大，都分到更多的"饼"，不仅给投资者创造财富，也给员工和社会等创造财富。这也是我们必须想到的企业目的。

企业要做世界公民

古人云：厚德载物。做企业和做人一样，要有深厚的道德，才能承载更多的东西，才能让企业更稳定地发展，并在发展中拥有更强的竞争力。就企业而言，世界公民就是企业在世界范围的投资和经营活动，都积极、主动地履行企业公民责任，并以高标准执行，进行企业社会责任的创新实践。不要将企业公民责任仅仅看成纯粹的"利他行为"，它在本质上将企业的社会效益与经济效益有机结合起来，是一种"利人利己"的行为，通过创新解决社会、环境相关问题，为企业带来新的发展。

联合国全球契约组织所发起的关注气候倡议、负责任投资原则、负责任管理和教育原则等，也是企业全球化和可持续发展的应有之义。在"一带一路"倡议下，中国企业到各国去建设工厂，不仅要带着技术和产品，还要带着中国人"以义为先"的价值观。中国建材"走出去"贯彻三大理念——为当地经济做贡献、和当地企业密切合作、与当地人民友好相处。"一带一路"沿线国家要实现城市化和工业化，前提是基础建设，而基础建设的前提是水泥。没有水泥修不了路，架不了桥。要想富先修路，要修路先建水泥厂。谁来建水泥厂呢？那就是中国建材，它大约占全球水泥工程市场份额的 65%，居全球第一。

如今水泥企业在工厂建设上，都致力于成为环境友好型企业，努力建造花园中的工厂、森林中的工厂和湖水边的工厂。中国建材在蒙古国建有一家水泥厂，从远处望去，好像工厂没在生产，因为看不到过去冒烟的情形，但其实是正常运作的。这家水泥厂建设得很好，周围的草原上有马和羊，被称为草原上的工厂。埃及 6 条日产 6000 吨熟料水泥的生产线是世界上最大的水泥厂集群，距离开罗大约 100 千米，就是中国建材承建的。这个项目在用工上最多的时候有 1.2 万人，其中，当地人就有 1 万人，中国建材还与当地 8 家公司开展了业务外包。

中国建材在赞比亚首都卢萨卡建水泥厂前，先是为当地人打了 100 口水井，又捐建了一家医院、一所学校，然后才在那里建工厂，培训当地工人，所以当地人很感谢我们。有一次，我到捐建的学校，给孩子们带去足球、铅笔盒等。临走的时候，孩子们用当地的语言合唱一首歌，"手挽手，心连心，我们和中国建材是一家人"。我坐在车上，听着孩子们美妙的童声，心里十分感动。

当然，企业做世界公民，不仅是建工厂、搞投资，还有很多事可做。比如，中国建材在海外开展的迷你工业园、海外仓、检测中心和国际实验室、建材连锁分销中心、智慧工厂管理、EPC 工程项目等。

今天，我们的企业正在大规模地走出去。作为中国企业，无论走到哪里，都应该是让全世界人民欢迎的，应该站在道德高地上做企业，把中华民族的美誉度带到各个国家。

何为好企业

　　什么样的企业是好企业，这是我们常常会遇到的问题。做企业应该有个标准，不然就分不清楚什么企业好、什么企业差。在中国建材的时候，这也是我常思考的一件事。思来想去，我将好企业的标准归纳为：业绩良好、管理精细、环保一流、品牌知名、先进简约、安全稳定，并成为中国建材所属企业的追求目标。现在，我觉得还应该加上一条，那就是责任担当。

业绩良好

　　业绩是企业的根本，业绩良好是好企业的第一个重要标准，也是首要标准。创造良好的业绩是企业生存与发展的前提，也是重要目标。任何企业都要以创造业绩为荣，以创造价值为荣。即使企业的目的今天演变成了让社会更美好，企业也要有业绩，才能持续地成长，并照顾到员工、供应商、客户、社区等利益相关者的利益。

企业应围绕提升盈利水平和加强资产运营，重点考察主营业务收入、净利润、毛利率、资产负债率和报酬率等指标。

做企业这么多年，我对企业利润的看法也在不断变化。企业在过去隶属行政管理的时候，虽然也讲效益，但更重要的是完成任务，那些年我总是羞于把"赚钱"两个字挂在嘴边。后来，我逐渐想明白了，如果企业不挣钱，就无法实现健康发展。尤其是1997年北新建材上市之后，我的价值观发生了脱胎换骨的改变，从过去追求"任务型"转变为追求"效益型"，正大光明地去追求企业的利润。到中国建材任职后，我也把绩效文化带了过去。

我是2002年3月到中新集团（2003年更名为中国建材）任总经理的，那时集团没有月度财务报表，所属企业的领导人也不清楚自己的年度经营指标。要召开工作年会时，我会让办公室给企业挨个打电话要"数字"。当时集团的一些干部也没有"数字"概念，一问就是大概其、可能、也许。这些事情让我觉得不可思议。在北新建材工作时，我每天都在想经营上的问题，上个月盈利了多少，这个月盈利了多少。这是企业经营的核心，可是有些企业负责人在这一点上不够重视。

2003年"非典"结束后，我去中国建材所属鲁南水泥厂调研。鲁南水泥厂人才济济，培养出了一大批新型干法水泥人才，是中国建材在水泥业务领域出管理、出人才的摇篮。当时厂里有两条日产2000吨的新型干法水泥生产线，是国内比较先进的大型水泥厂。但是出于一些客观原因，企业效益不够理想。在那次调研中，我给鲁南水泥厂的干部系统地讲解了企业的绩效观，讲做企业必须要有效益、有利润、有价值，这样企业才能更好地持续发展，不然企业的一切都是空谈。这是根子上的事，必须想办法解决。这对整个鲁南水泥厂的干部产生了很大的触动，大家逐渐提高了认识，自此鲁南水泥厂开始从管理迈向经营，后来创造了很好的业绩。

之后，我把"绩效"写进中国建材的核心价值观，引导大家把"创造效益"作为首要目标，进而引入价值理念和数字化管理的观念。经过长期的熏陶和训练，中国建材早已形成以"多赚钱为荣，不赚钱为耻"的内部文化，绩效观深入人心，涌现出一批管理优秀、业绩优异的"明星企业"，而当年的鲁南水泥厂也早已成为中国建材的效益标杆企业。

管理精细

管理精细是好企业的第二个重要标准。好企业的管理必须是精细化的。我做企业时间长了，只要到企业里转一转，大体上就知道这家企业的管理水平如何，倒也用不着听汇报。企业员工的表情就是一面镜子，管理得好的企业员工表情一般是幸福和友好的，而管理得差的企业员工表情往往比较木然。

其实，我的管理是从整理整顿开始的。我在农村插队时当过生产队的队长，每天出三次工，组织几百个队员种 280 亩⊖地，那应

⊖　1 亩 = 666.67 米²。

该是我最早的管理实践。我当时还是个 18 岁的年轻小伙子，没有什么种地经验，就想成立个"诸葛亮小组"。于是，我找了五位老农，每天到地里看农活，晚上在队里一起商量明天干什么活，我则拿着小本子记下来进行分配，一切都安排得井井有条。

大学毕业后，我在北新建材先后做过技术员、销售员，历任主管销售的副厂长、厂长。我在北新建材做厂长期间，几千人的厂没有发生过一起重大安全事故。回想起来，除了安全工作抓得好，生产环境好也是重要因素，而这些都得益于现场管理。所谓"现场连着市场"，企业的现场管理水平是和管理者、员工的状态连在一起的。现场管理也可以投射出企业管理的好坏，现场干干净净，产品码放整齐，这样的企业管理一般都不会差。虽然整顿现场环境都是些细碎的事，却是企业的大事，也是管理者和员工的基本功。

在管理学中，有一定实践意义的是组织行为学，它研究的是人在组织中所表现的行为和态度。著名的霍桑实验表明，人在不同的特定环境下有不同的表现。做企业既要让员工有好的收入待遇，又要关心大家的工作和生活环境，要让员工有好的精神世界。工厂环境美化了，员工热爱企业，客户也会对企业产生信赖。回顾早年在北新建材开展的"两园工程"，那时把改善员工的生活、工作、学习环境，与提高待遇、爱厂教育结合起来，大大地提高了员工的工作热情，以及他们对客户的服务热情，大家彼此之间互帮互助、互学互进，久而久之真的像一个大家庭了。

环保一流

环保一流是好企业的第三个重要标准，也是企业的重要品格。所谓企业品格，是企业在经营活动和社会交往中体现的品质、格局和作风，反映了企业的世界观、价值观和组织态度。在企业品格中，坚持那些和企业眼前利益无关，甚至会影响眼前利益的品格至关重要，那就是保护环境、热心公益、关心员工和世界公民。

在企业品格中，保护环境应放在首位。大多数企业在运行中都会耗费能源和资源，从而让环境承受一定的负荷，但随着企业的增多，能源、资源和环境都会不堪重负。习近平总书记提出，"生态环境没有替代品，用之不觉，失之难存""必须树立和践行绿水青山就是金山银山的理念""像对待生命一样对待生态环境"。⊖改革开放以来，我国经济发展取得了历史性成就，但也积累了一定的生态环境问题，成为明显的短板。如今，我国不少地区土壤、地表浅层水遭到污染，进而严重影响了人们的健康，怎样保护和恢复我们的绿水青山就成为企业的重要责任。当然，随着绿色发展成为共识，绿色低碳经济正在不断壮大，只有积极行动、参与环境保护的企业，才会有长久的未来。

早在1962年，环保先驱蕾切尔·卡逊就在《寂静的春天》一书中描绘了由农药毒杀生物引发的生态悲剧。10年后，罗马俱乐

⊖　新华网.生态环境保护多重要，听习近平怎么说［EB/OL］.（2018-05-18）［2022-12-03］.http://hn.cnr.cn/hngd/20180518/t20180518_524238017.shtml.

部发布研究报告，提出"增长的极限"，讨论了可持续发展问题，认为资源能源的不可持续性是人类的最大麻烦。

但很快人们发现，比"增长极限"更为严重的是"生存极限"，即全球气候问题。据科学家测算，从工业革命到 2100 年，全球平均气温升高的上限是 2℃，超过这个限度，地球和人类的生存将受到威胁。而在人类工业化的进程中，地球大气中二氧化碳的浓度从工业革命初的 100ppm 到今天约 417ppm，增长了超过 3 倍，这带来的后果就是目前地球气温升高已超过 1℃，如果不加节制，到 2100 年全球平均气温将升高 5~6℃。这是很可怕的问题，所以科学家提出，无论如何不能让气温再这样无节制地升高。2015 年 11 月 30 日至 12 月 11 日，第 21 届联合国气候变化大会在巴黎召开，截至 2022 年，超过 190 个国家和地区签署了拯救人类未来的《巴黎协定》。《巴黎协定》的长期目标是将全球平均气温较前工业化时期（1850 年）的上升幅度控制在 2℃以内，并努力将气温上升幅度限制在 1.5℃以内。

2021 年 11 月在格拉斯哥召开的《联合国气候变化框架公约》第 26 次缔约方大会，在《巴黎协定》的基础上达成了《格拉斯哥气候公约》，明确进一步减少温室气体的排放，力争将气温上升幅度控制在 1.5℃以内。

在整个气温上升的过程中，二氧化碳是罪魁祸首。大气中的二氧化碳就像玻璃育花房、蔬菜大棚所用的一层厚厚的玻璃，"玻璃层"允许太阳辐射能量透过，却阻止地面热量散发，致使地面温度上升，使地球变成了一个大暖房。这也就是我们常说的温室效应。其实，牲畜、水田、汽机车、掩埋场等排放的甲烷每分子吸热量是二氧化碳的21倍，氟氯甲烷等温室气体的吸热能力更强，但是，它们在大气中所占的总容量极少，而二氧化碳是总容量最多的温室气体，也是引发全球气候变暖的主要因素。温室效应将使全球气候持续变暖，一方面，极地及高山冰川融化，从而使海平面上升，一些沿海城市将会因海平面上升而被淹没；另一方面，地球将出现不可逆转的干燥，旱涝灾害、龙卷风等气候灾害也将增加。种种后果最终都将危害人类的健康和生命安全，不容忽视。我们必须采取各种措施来控制温室效应，抑制全球气候变暖。

要控制气温上升，需要世界各国的共同努力，减排温室气体，控制碳排放。自2020年9月以来，习近平总书记多次在重要场合和会议上讲到，中国二氧化碳排放力争于2030年前达到峰值，努力争取2060年前实现碳中和。[一]要兑现这一承诺，我们需要付出巨大努力。

绿色低碳循环发展，是每个企业公民应尽的义务。中国建材是中国企业追求绿色低碳循环发展的一个缩影，在企业经营和发展要素中，按照环境、安全、质量、技术、成本顺序排列，所属各家企业全面启动蓝天责任行动。当然，这也是受到韩国浦项钢铁做法的

　⊖　人民日报. 人民日报评论员：确保如期实现碳达峰碳中和［EB/OL］.（2021-10-25）［2022-12-03］. http://www.gov.cn/xinwen/2021-10/25/content_5644701.htm.

启发。工厂往往会产生如下排放物：固体废物、超标液体和有害气体。现在，大多数企业都能做到固体废物和超标液体的零排放，对排放气体也都进行了脱硫和脱硝，只是对二氧化碳还不能做到零排放，目前能做的只是尽力减排。中国建材在工厂环境管理上都比较严格，如果哪家工厂排放物不达标，宁可关掉这家工厂。

品牌知名

品牌知名是好企业的第四个重要标准。品牌是一个社会经济发展的产物，尤其是商业发展的产物。改革开放前后，我国出现了一些不错的品牌，如飞鸽自行车、上海牌轿车、中华牙膏、美加净等，以及后来涌现的春兰空调、北京牡丹牌电视、雪花冰箱等。随着改革开放的进一步深入，我国企业遇到了两个问题：一是自身在成长中遇到了一些困难；二是外资大规模进入中国，包括合资和独资，这使得我们刚刚成长起来的品牌受到了市场竞争的冲击。结果，诸如中华牙膏、美加净等都与联合利华等外资品牌合资了。

中国加入 WTO 以后，进一步开放市场，用市场换资本和技术。回过头看，整个政策是成功的，迎来了中国经济的高速发展。但从产业界来看，中国企业在品牌方面也有所牺牲。过去，我国制造企业不少采用代工模式，全世界知名品牌的箱包等大部分是在中国生产的。跨国公司在中国开设工厂，生产的产品销往全球。在此过程中，我国企业的生产水平确实得到了提升，产品质量也是有保证的。

然而，我国企业在品牌建设上还有待加强。过去，我们在大街上看到的都是"万国"汽车，真正的自主品牌不多，不像日本和韩国大街上行驶的多是本国品牌的汽车。这些车基本是在中国合资制造的，这就意味着去掉品牌、技术等相关费用，中国车企挣的只是制造的工钱。正如大家所熟知的微笑曲线，嘴角的一边是研发设计，另一边是营销和品牌，中间最低的是加工。在整个产业链的利益分配上，没有品牌只能代工的制造企业，获利是最低的。比如手机代工，一部手机可能只有几元的毛利，利润很薄。

茶叶行业也缺少品牌，多讲品种，比如龙井、碧螺春、大红袍、普洱等都是品种，而立顿红茶在全球市场上具有很强的品牌竞争优势。没有品牌的品种是没有竞争力的。当然，也有品牌做得好的行业，比如家电基本实现了自主品牌化，美的、格力、海尔等都不错。

品牌和质量有着千丝万缕的联系，但两者又有不同。质量是品牌的必要条件，也是品牌的核心内容，只有那些质量和服务长期一贯好的企业才可能形成自己的品牌，没有过硬的质量就没有响当当的品牌。但品牌又不全是质量，品牌是在质量的基础之上加上设计、文化、营销理念等形成的价值综合体。比如市场上一个包卖几百元，但贴上知名品牌的牌子就可能卖到上万元，这就是品牌的价值。

品牌是企业重要的无形资产。因为在这个时代，各种产品制造、技术迭代都很快，一家企业能做，其他企业很快也能做。未来所有的技术都可以同质化，所有的企业都可以同质化，唯独什么不一样？那就是品牌。汽车的生产线可能差不多，但是最后做出来的汽车贴着不同的标牌。"21世纪的组织只有依靠品牌竞争了，因为除此之外，它们一无所有。"管理大师彼得·德鲁克的这句话说得非常好，这里的它们是谁呢？就是企业。企业如果没有品牌就一无所有。

品牌问题至关重要，现在已经进入一个由质量跨越到品牌的时代。过去常讲"酒香不怕巷子深"，现在看来"酒香也怕巷子深"，产品质量再好也要树立产品品牌。对企业家来讲，大家应该有这样的意识，不能只是一味地做好产品，还要围绕品牌工作下点功夫。有工匠精神、做好产品质量是前提，但是企业仅做好这些，不见得在市场上就一定能赢得客户。

在品牌建设方面，我国企业要认真研究瑞士、日本、韩国等国家的品牌经验。瑞士是一个创造品牌的国家，尤其是手表行业，日本的精工、卡西欧，中国的上海牌、北京牌、海鸥牌等，这些品牌的手表做得都非常好，但就是卖不出价钱来。而瑞士的手表公司过一段时间就能制造一款售价几十万元的手表，而且总能流行一阵子，这究竟是怎么回事？我带着这个问题专门拜访了瑞士的一些公司，学到了一句话：品牌工作是"一把手"工程。虽然只有一句话，但这句话很有用。珠海格力电器股份有限公司董事长董明珠主抓品牌工作这么多年，自己还成了品牌形象大使，就是很好的例子。2022年卡塔尔国际足联世界杯比赛就用了4万多台格力空调。

习近平总书记在中国第一汽车集团有限公司（简称"一汽集团"）研发总院考察时指出："一定要把关键核心技术掌握在自己手里，我们要立这个志向，把民族汽车品牌搞上去。"⊖我去一汽集团参观时了解到，2021年红旗品牌汽车的销量突破30万辆。以前黄浦江边大多是外国汽车品牌的广告，现在还有我国自主品牌红旗的广告，我由衷地为这种变化感到高兴。2021年，我去广汽埃安新能源汽车股份有限公司（简称"广汽埃安"）的汽车生产线参观，这条智能化生产线是2017年建设的，车辆组装都是智能化、自动化的，看完以后给我留下了深刻印象。据统计，我国品牌乘用车的市场占有率已经超过50%，这是不小的进步。接下来，我们要在新能源汽车赛道上力争实现品牌国产化。

2021年新国货白皮书问卷调研显示，2021年购买国货的人群占比超过半成，较2020年上涨15.1%。现在年轻一代热衷于国潮，说明大家有了自信心，不再迷信洋品牌。这也是一个拐点。过去我们没有什么好品牌，是因为产品质量相比洋品牌有一定差距，现在我们很多产品的质量称得上一流。比如安踏，过去是家代工厂，后来转型成为一家拥有自主品牌的公司。在2022年冬季奥林匹克运动会上，安踏的产品非常亮眼，品牌效应突出。安踏的运动鞋在国内的销量已超过国际知名品牌。由此我们有理由相信，我们完全能把自己的品牌做好。

⊖   人民网.中国一汽创新擦亮自主品牌（"十三五"各地经济社会发展新亮点）[EB/OL].
（2020-12-27）[2022-12-03]. http://qh.people.com.cn/n2/2020/1227/c182754-34496937.html.

北新建材作为建材行业改革与创新的优秀企业，多年来一直秉持"质量上上、价格中上、服务至上"的经营理念，品牌价值超过900亿元，成功打造了质量、技术、服务、规模、效益全面领先的中国高端自主品牌"龙牌"，同时还拥有"泰山""梦牌"等多个知名品牌。在《参考消息》的中缝广告中，我们常能看到北新建材的标语"北新建材，央企品质"。

中国上市公司协会和央广网联手打造的《中上协会客厅》栏目，曾邀请黑龙江飞鹤乳业有限公司（简称"飞鹤乳业"）、云南白药集团股份有限公司（简称"云南白药"）、北京燕京啤酒股份有限公司（简称"燕京啤酒"）、北京菜市口百货股份有限公司（简称"菜百股份"）四家国货龙头上市公司的"一把手"深入探讨品牌，这些"一把手"亲自做品牌，对品牌的认识很深刻。以飞鹤乳业为例，中国的婴幼儿奶粉市场曾因打价格战、三聚氰胺事件等严重受创，一度为洋品牌所主导。飞鹤乳业全员用多年的努力，从研发、生产、品质管控，到品牌和消费者口碑的树立，一套完整的产业链打造更适合中国宝宝体质的奶粉，今天飞鹤婴幼儿奶粉市场占有率达20%。

品牌不是凭空诞生的，可能需要几代人的艰辛付出，最后才能得到广大消费者的认可。品牌与整个工业、企业、制造业水平的提高、质量的提升，包括消费者对质量、品牌的觉醒是分不开的。

我国企业要讲好自己的故事，积极打造一流的品牌，占领国内市场，并逐渐进入国际市场，让世界爱上中国制造，也要让世界爱上中国品牌。这是中国制造向中国创造、中国速度向中国质量、中国产品向中国品牌转变的必然结果。

先进简约

先进简约是好企业的第五个重要标准，也是优秀企业共同的追求。那么，什么是先进简约？这也是大家常问我的问题。先进简约是指企业建工厂时在工艺、设备等经营性设施上要舍得花钱，不能凑合，而在非经营性设施投资上要少花钱，尽量做到简单。

早些年，我曾去英国罗尔斯·罗伊斯公司参观，它是制造飞机发动引擎的。引擎太复杂了，外面包着金属层，里面实际上全由导线连着，一根带一根，技术人员负责接线头，接错一根都不行，这样的工作难度很大。罗尔斯·罗伊斯公司的厂房虽然年代久远，但很整洁，工厂里的办公室也极其简单，却生产着全球一流的产品。我主张做企业就应该这么做，不要在那些非经营性项目上做过多的投入，这一点十分重要。

企业应该秉持为投资人省钱的节约原则，把钱真正投到技术和装备上，而绝不应该在非经营性项目上多花一分钱。例如，佛山市海天调味食品股份有限公司从一开始购买的设备就是德国制造的，但是直到上市，公司才开始配置公务用车，而且它的办公楼也很简朴。

中国建材旗下的水泥厂、石膏板厂的装备都很先进，但厂里的办公楼、倒班宿舍和员工食堂都很简朴。有一些基金投资人去工厂参观时常常感叹，一家《财富》世界 500 强企业竟然如此简朴。其实，工厂就应该回归生产经营这些最基本的活动，不要去做那些华而不实的表面文章，更不能多花股东的钱。

安全稳定

安全稳定是好企业的第六个重要标准，也是企业的大事和底线。在这里，安全包括两个方面：生产安全和产品安全。对于安全，我们没有一劳永逸的办法，只能从日常管理入手一点一点地抓，决不能"平时不烧香，临时抱佛脚"。生产安全的关键在于不能发生重大责任事故，这一点既反映出企业管理人员的水平，也反映出员工的工作水平和管理制度是否健全。产品安全越来越成为企业必须重视的安全问题，比如，建材要保证质量和无害化，医药要完成各种检测并把副作用降至最低。一个安全事故频发的单位，"一把手"肯定是不称职的。

稳定就是企业里不能发生群体性事件。企业要积极主动化解内部矛盾，避免积累大的矛盾，否则矛盾一旦爆发，就不可收拾了。发生问题时不能激化和扩大矛盾，企业领导要走到前面指挥，不推诿，不回避，关键是要关心员工与弱势人群，处事温和、公平。在处理利益时，企业领导要能先人后己，还要一碗水端平、一视同仁。

责任担当

责任担当是好企业的第七个重要标准。做企业仅有利润还不够，还要有责任担当：对内管理有序、规范运作、善待员工；对外诚信经营、遵纪守法、保护环境、回馈社会，提供更高质量的产品和服务，贡献更多的税收，创造更高的回报。企业要把自身价值融入社会价值最大化的目标之中，为社会谋福利，为人民谋幸福，赚阳光下的钱，赚增进福祉的钱，赚让大家都满意的钱，绝不能把企业的利益凌驾于社会利益之上。一个成功的企业，一定要将积极承担社会责任作为最崇高的使命；一个积极承担社会责任的企业，也必然会得到社会的赞赏和支持。

"小胜靠智，大胜靠德"，做企业要始终坚守道德底线，站在道德高地。所谓道德高地，就是在发展观方面，把人类的福祉、国家的命运、行业的利益、员工的幸福结合起来；在利益分配方面，遵循共享、共富的原则；在管理方面，把环保、安全、责任放在速度、规模和效益之前。

在第三届金蜜蜂 CSR 领袖论坛上，我以"站在道德高地做企业"为题做了一场演讲。这个演讲视频点击量超过 1600 万次，赢得了企业界和社会各界的广泛认同。我的核心观点是，一个企业要想快速发展，得到社会的广泛支持，应该把德行和责任摆在首位。道德是个很厚重的词，厚德方能载物。做企业要坚持道德的至高追求，把责任担当的意识、悲天悯人的情怀融于自身价值追求。企业应有仁者的素质、修养和胸怀，有感恩的心态和爱人的思想，有包容理念和利他精神，只有具备了这样的境界，企业才能有更强的竞争力和生命力。企业除了对股东和员工所负的法律责任之外，还应对企业的利益相关者承担责任，特别要重视履行社会责任。

中国建材对河北、安徽、云南、宁夏、西藏等地的五个贫困县进行帮扶。其中，中国建材在宁夏泾源县推进乡村振兴战略，支持泾源县建设骨料厂，通过产业收益，帮助建档立卡贫困户脱贫致富；在安徽石台县援建了多项路桥项目以及中建材华益导电膜ITO项目，签订了"绿色小镇"项目及"智慧农业""农特电商"项目框架合作协议，支持发展生态旅游、农业观光及富硒农产品产业；在云南昭通市派驻干部，利用互联网技术成立了电商扶贫平台"禾苞蛋"，把昭阳、永善、绥江等地贫困山区的蔬菜和土产销往全国。此外，中国建材还通过产业援藏，助力西藏经济发展，造福了当地的人民群众。

我做中国上市公司协会会长后，有媒体采访我时问道："什么是好企业？"我结合上市公司的情况，提出了好企业的三点标准：一是效益要好；二是治理规范，合规经营；三是积极承担社会责任。一个好企业要做到投资有回报，产品有市场，企业有利润，员工有收入，政府有税收，环境有改善。不赚钱的企业肯定不是好企业，但赚了钱的企业，如果社会责任缺失、公司治理一团糟，也不是一个好企业。

　　总之，这不仅是一套企业的评价标准，更是一套企业的管理方法。每个标准都有相应的建设内容，企业可以根据实际情况设计自查绩效指标，指引企业通过逐项指标自查，不断提升管理水平。做企业一定要有标准，让员工知道目标，再找到一些方法，持之以恒。

何为好企业家

企业家既是时代形成的，也有自身极其鲜明的性格特点，他们是那种勇于创新、顽强拼搏的人，他们是企业的重要资源，常常可遇不可求。企业家也不是完人，不是常胜将军，比如华为的任正非、福耀玻璃的曹德旺，一路上都遇到过不少困难和坎坷，他们成功了，但也有不少企业家在征途中就倒下了。改革开放以来，社会上涌现出一支浩浩荡荡的企业家队伍，我国经济发展取得举世瞩目的成就，同广大企业家创新创业、艰苦奋斗是分不开的。事实证明，一个企业家辈出的时代是经济繁荣的时代，一个企业家辈出的国家是强大的国家。

什么样的人称得上企业家

企业家是一个舶来词。企业家一词源于法语"entreprendre"，最初的含义是"承担"。19世纪初，法国经济学家让·萨伊认为，企业家是那种具有判断力、忍耐力等特殊素质以及掌握了监督和管理才能的人。美国经济学家约瑟夫·熊彼特强调，企业家的职能是"创造性破坏""企业是实现新的生产要素组合的经营单位，而企业家是实现生产要素组合的人"。德鲁克认为，企业家是创新者，是勇于承担风险、有目的地寻找创新源泉、善于捕捉变化并把变化作为可供开发利用机会的人。

目前，有不少人对企业家概念的理解还不甚清晰。我做企业40年，前些年还常被人问道："宋总，你觉得自己是企业家吗？"其实，企业家是创新并创造价值的人，不存在所有制限制。富于创新意识、为社会创造价值的企业领导者就是企业家。就企业家的概念而言，社会上存在以下几个误解。

- 国企中没有企业家。不少人把企业家等同于所有者，认为企业家是那些白手起家、经过奋斗把企业做大做强的人，而国企的董事长、总经理等都是任命的，不能称之为企业家。事实上，国企中那些具有改革创新意识的领导者同样是企业家，他们工作兢兢业业，为国家创造了巨大财富，维系着企业的发展，这是一群难能可贵的企业家。

- 企业家是财富的拥有者。企业家是创造财富的人，但大富翁不见得都是企业家。如果没有任何创新，也没有创造什么价值，再富有也不能称之为企业家。

- 企业家都是常胜将军。每个创业者都渴望成功，但做企业也常会遭受失败。企业家是创业者里的成功者，即使是企业家也不可能不遭遇挫折甚至失败。失败是成功之母，任何事物的发展都是循序渐进的螺旋式上升的过程。

企业家愿意投入新事业，敢于为此承担风险，他不是单纯地改变生产要素，而是同时改变生产要素之间的关系，为社会带来创造性的改变和新价值，是经济长期增长的动力。我国企业家现在有三个来源：一是长期奋斗在国企一线，为国家做出巨大贡献的优秀国企领导人；二是民营企业家；三是混合所有制、外资等企业的企业家。同时，既有顶天立地的大企业家，也有铺天盖地的中小微企业家，这就是我国企业家的组成。

我做企业40年，回想自己的企业道路，感慨万千。我年轻时的理想是做一名老师或诗人。没想到，大学毕业后，我被分配到企业，而且一干就是一辈子。不了解我的人，常认为我有多么高远的人生目标，我其实是个随遇而安的人，从不好高骛远、左顾右盼。我也是进入企业之后，才慢慢培养起做企业的浓厚兴趣的。这些年来，曾有很多次离开企业的机会，最后仍然留了下来。因为我觉得自己已经企业化了，读书思考、看财务报表、管理工厂等，这些习以为常的东西早已融入我的血脉，就像布料被做成了西服，就很难改成中山装了。

做企业的过程并不容易，一路上会遇到很多风浪，经常处在煎熬的状态里。很多人对我的企业故事感兴趣，其实，我的企业生涯是由一个个困难串联起来的。我在北新建材最早做的是技术员，但当我看到厂里生产的产品堆满库房卖不出去时，毅然选择了做一名销售员。那时销售员普遍被大家看不起，但我却毫不犹豫地干起了这一行。我当厂长也是受命于危难之时，当时工厂揭不开锅，但我还是咬牙挺了过来，硬是让企业起死回生，并带领它在深圳证券交易所（简称"深交所"）上市。

2002 年，中国建材面临经营困境，上级让我去解决困难，我毅然跳进了"弹坑"，想尽办法把企业拖出债务的泥沼。中国建材在香港上市后的一场经历同样惊心动魄。2008 年金融危机时，中国建材 H 股被恶意做空，股价从 39 港元一路降到 1.4 港元。那段日子，我压力巨大，但作为企业"一把手"，即使内心再难也要以微笑示人，要让员工感觉到信心的存在。那段时间，我天天心平气和地坐在办公室，稳定军心、鼓励大家，同时联系银行的合作伙伴出手相助，最终度过了资金危机。

在中国医药集团有限公司（简称"国药集团"）任职也充满挑战。我起初是医药行业的"外行人"。到国药集团工作第一年的"十一"长假，我买了八本供投行了解医药行业的书，把自己关在家整整读了七天，后来又几乎转遍了国药集团每个板块的基层企业，渐渐把医药的业务框架在头脑里构建了起来。正因如此，国药集团的同事从没有把我当成"外行"。任职五年里，国药集团快速成长，成功进入《财富》世界 500 强榜单。

两材[⊖]重组也是件难事，两家企业同业竞争十几年，关系疙

⊖　中国建筑材料集团有限公司与中国中材集团有限公司，简称"两材"。

疙瘩瘩，弄到一起谈何容易，但领导说，"志平，你去找大家谈"。我就开始了两年多时间的马拉松式沟通，最后让两材顺利重组。

从年轻时起，我就把西方一位哲人的话"忙的蜜蜂没有悲哀的时间"当成座右铭。很多人问："宋总，你是不是有什么悲哀啊？"其实，对这句话应该积极地去理解。忙碌的蜜蜂酿蜜的过程就是创造劳动价值的过程，它们无暇顾及做事情的目的和结果，因为劳动本身就是快乐的、满足的。这些年来，无论遇到什么情况，我都始终保持积极乐观的心态。我喜欢丘吉尔的名言"Never，never，never，never give up"。一分耕耘一分收获，从不懈怠、从不自我原谅、从不轻言放弃，这就是企业家成功的原则。

什么是好企业家

做企业是不容易的，常是"十分汗水一分收获"，但它值得我们用一生去做好。居里夫人有段话讲得很精彩："人的一生是短暂的，但那又有什么关系呢？每个人都想知道自己一生能做些什么，那就一直努力直到成功。"企业家也要有笃定的信念和坚守的力量，为自己挚爱的事业奋斗一生。我理解的企业家是那种对成功充满渴望的人，是那种困难中百折不挠的人，是那种胸中有家国情怀的人，是那种永远面向正前方的人。

那么，到底什么才是好企业家？2020年7月21日，习近平总书记主持召开了企业家座谈会，并在会上讲了一段话："企业家要带领企业战胜当前的困难，走向更辉煌的未来，就要在爱国、创新、诚信、社会责任和国际视野等方面不断提升自己，努力成为新时代构建新发展格局、建设现代经济体系、推动高质量发展的生力军。"[一]习近平总书记这段讲话诠释了当代社会对企业家提出的几点要求：一是爱国情怀，二是勇于创新，三是诚信守法，四是承担社会责任，五是拓展国际视野。凡是符合这些要求的企业家，就是好企业家。

第一，爱国情怀。我国企业家有爱国的传统。在抗日战争期间，著名爱国企业家卢作孚组织企业把大量物资、工厂设备运到大后方，保存了中国民族工业的命脉。改革开放以来，社会上涌现出一大批具有家国情怀的企业家，他们的事迹十分感人。当前国际环境发生了很大变化，面对新形势我们要继续大力弘扬企业家精神，充分调动企业家的主动性和创造性，承担更多的社会责任，展现强烈的家国情怀。

第二，勇于创新。创新是企业家的灵魂，企业家是能用创新思维点亮企业的人，要勇于创新，关键时刻要敢于做出改变。2021年3月，《求是》杂志刊发了习近平总书记的重要文章《努力成为世界主要科学中心和创新高地》，这篇文章指出，"创新从来都是九死一生，但我们必须有'亦余心之所善兮，虽九死其犹未悔'的豪情"。创新是一项艰难的、风险重重的工作，但又意义重大。企

○ 中国政府网.习近平：在企业家座谈会上的讲话 [EB/OL].（2020-07-21）[2022-11-30].
http://www.gov.cn/xinwen/2020-07-21/content_5528791.htm.

业家的任务是什么呢？就是要平抑、减少这些风险，进行有效的创新。

创新并不神秘，它既有规律可循，也有模式可依，如自主创新、集成创新、商业模式创新等。企业家应根据自身状况和发展阶段，在实践中认真研究，活学活用。企业家在创新上不能做冲动派，也不能做盲从者，而是要有方向，有风险意识，有的放矢，谋定而后动。例如，中国建材在超薄玻璃、碳纤维、风电叶片、薄膜太阳能电池等领域的成功，都是在认真分析产业形势、市场需求、自身优势的基础上，锁定目标，长期技术攻关的结果，都是有目的的创新。

第三，诚信守法。市场经济实际上是诚信经济，人无信不立，企业和企业家更是如此。同时，市场经济也是法治经济，企业所有的经营活动都要依法进行。"君子爱财，取之有道"，用在做企业上就是要赚钱，但关键在于取之有道。那么，"道"指的是什么？它就是做企业要遵守法律，要符合社会相关制度要求，这是底线。现在，企业还要积极承担社会责任、道德责任，企业家要站在这样的高度来看待企业的经营发展。无论在什么情况下，诚信守法都是企业家必须坚持的一个基本原则。

第四，承担社会责任。任何企业存在于社会之中，都是社会的企业。越来越多的企业家在经济发展、创造就业、环境保护、社区服务、公益慈善等方面勇于担责，有力推动了经济社会的健康、可持续发展。

近几年，我们看到福耀玻璃董事长曹德旺捐赠了 100 亿元来筹建福耀科技大学，其实，他对社会慈善事业的累计捐款已超过 120 亿元。万科创始人王石将万科企业股资产管理中心的 2 亿股万科股票一次性捐赠给清华大学教育基金会，共建清华大学万科公共卫生与健康学院。我去北京中公教育科技股份有限公司调研时了解到，李永新董事长捐赠 10 亿元在北京大学设立教育发展基金，也是北京大学至今个人捐赠金额最大的一笔款项。小米董事长雷军曾将总计约 6.16 亿股公司 B 类股份捐给小米基金会和雷军基金会，价值约 145 亿元。

社会需要企业家这么做，大力支持教育。对企业家来讲，除了捐赠资金支持教育外，也要主动关心社会弱势群体等，企业家的关怀应该成为社会最重要的关怀之一。希望我们的企业家做符合时代要求的企业家，既能创造良好的经济效益，又能创造良好的社会效益，为社会大众创造更多财富，努力增进全社会的幸福感。

第五，拓展国际视野。加入 WTO 至今，中国企业坐拥两大市场：一个是快速成长的 14 亿人的中国市场，另一个是精耕细作开发了 40 多年的全球市场。面对瞬息万变的国际市场，企业家要积极应对全球经济区域化，不仅要产品"走出去"，还要企业"走出去"。过去中国是世界的工厂，而今后世界各地都要有中国的工厂。中国巨石股份有限公司（简称"中国巨石"）前些年就在美国和埃及建立了工厂，分别面向北美市场和欧洲市场。尽管不少企业的国外市场这几年受贸易摩擦影响而举步维艰，但中国巨石的北美市场和欧洲市场并未受到影响。

中国的企业家要在市场上发扬"悍马精神"，构建"两栖"企业，成为进可攻退可守、既立足国内市场又面向国际市场的"双打"冠军。中国的大型跨国公司正在形成，美的、海信、TCL等公司的国际化程度都很高，已把公司产品推向了世界，比如海信的海外销售额占比将近50%，新的市场优势正在形成。

做共享型企业家

企业家的首要任务是创造财富，这是企业家的本能。企业家是创造财富的专家，但也要会分配财富。今天，企业家尤其要会分配财富，要让大家共享，但这并不意味着企业家自己不"享"而都让别人去"享"，实际上也不是这样的。

企业家做公益慈善，对个人和社会来说都是有益处的，企业家应该有这样的情怀。当然，企业家在做企业的过程中，纳了税并安置了劳动者就业，这本身对国家和社会来说已是很大的贡献。在此基础上，企业家再拿出一部分财富参与第三次分配，尽一定的社会责任，有利于构建一个和谐的社会，也会让自己的人格更加健全。我之所以提出做共享型企业家的倡议，就是希望企业家成为有共享情怀和理念的企业家。

其实，这个世界上并非只有中国企业家做公益慈善，国外企业家也在积极地做公益慈善。我们应该积极正面地看待这个事情，让更多的企业家成为有爱心、有情怀的人。总之，为社会创造财富，让社会更美好应成为企业家的目的。

"一部分地区、一部分人可以先富起来，带动和帮助其他地区、其他的人，逐步达到共同富裕。"[⊖]这是邓小平同志 1985 年会见美国企业家代表团时说的一段话。先富带后富、先富帮后富，这是一个过程。所以，先富起来的企业家也应该去帮助后富者。中国企业家这些年已成长起来了，正在进入这样一个阶段，所以此时共同富裕和共享备受关注，这也为企业家提供了一个方向指引。

当然，我还主张企业家在初次分配中构建一种共享机制，带领员工走共同富裕之路。实际上，企业家在初次分配中要做的事情，就是构建一种让员工多劳多得的机制，让所有员工都能通过这个共享平台创造财富而富起来。如果企业家用共享理念来做企业，就有助于创造一个非常和谐的环境，激发员工的积极性、创造力，进而，企业就形成了强大的竞争力，稳健地发展，企业自然也就有了实力，包括回馈社会的实力，这是一个正循环。无论华为、万华还是海康威视等都印证了这一点，它们的员工富裕了，企业也发展得很好。

这种共享理念也不是今天才有的，如前所述，清朝晋商设立的

⊖ 中国共产党新闻网 . 邓小平：让一部分人先富起来 [EB/OL]. [2022-12-03]. http://cpc.people.com.cn/GB/34136/2569304.html.

银股和身股机制，让一大批优秀的晋商繁荣壮大，平遥票号当年就是这么做起来的，即使在今天看来这种机制都非常先进。

华为任正非常说，分好钱就能多赚钱。他把分钱和赚钱联系在一起，并不是说把钱分了自己就没钱了，而是钱分多了、分好了就能赚更多的钱。这包含两层意思：一是企业家要开明；二是仅仅开明还不行，还要会分钱，科学地分钱。开明不是说企业家要把钱统统分完，让企业开不了张。"赚钱难，分钱更难"，钱分得不好也会带来问题，企业家要会科学分钱。

我前不久在青岛遇到一位做建筑的企业家，他做得就很好。他在公司持有 70% 的股份，但他从 70% 的股份中拿出 40% 的分红权分给干部和员工。因为资本量太大，如果让干部和员工自己来买这 40% 的股份，他们拿不出那么多钱，于是他自己留下 30% 股份的分红权，而 40% 股份的分红权分给干部和员工，但原始股还是他自己的。这样做的好处是大家都有积极性，而不是让大家都来为公司打工。其实，这就有点像上文提到的晋商。

现在，多数企业家都在不同程度地思考这样的问题，也采取了不同的方法，企业家不愿做"土财主"。尤其在新经济时代，人力资本非常重要，需要解决好人力资本的分配问题，否则，就会影响员工干事创业的热情。事实上，越是新企业，一般在人力资本参与分配问题上处理得越好。

未来社会将会形成一个共享经济的格局，不仅会出现更多的共享企业，还会产生共享型企业家群体，而不再是掉到钱眼里出不来的"土财主"。当然，这不是劫富济贫，也不是搞平均主义、"吃大锅饭"，而是为了实现企业所有者、员工和整个社会的共赢。这代表着我们未来的发展方向，也是我们觉醒的标志。

企业家精神

"市场活力来自于人，特别是来自于企业家，来自于企业家精神。"习近平总书记这段话充分肯定了企业家和企业家精神在市场经济中的作用。2017 年 9 月，中共中央、国务院发布的《关于营造企业家健康成长环境弘扬优秀企业家精神更好发挥企业家作用的意见》提出，"弘扬企业家爱国敬业遵纪守法艰苦奋斗的精神，弘扬企业家创新发展专注品质追求卓越的精神，弘扬企业家履行责任敢于担当服务社会的精神"。"三个弘扬"展现了现代企业家精神的丰富内涵，具体包括：爱国敬业、遵纪守法、艰苦奋斗，创新发展、专注品质、追求卓越，履行责任、敢于担当、服务社会等精神。2022 年 10 月，党的二十大报告进一步提出"弘扬企业家精神"。

有关企业家精神，众说纷纭，我将它概括为六个字：创新、坚守、责任。创新是企业家的灵魂，企业家的特别之处就是善于发现机遇，敢于改变旧事物，勇于不断挑战自我。坚守是企业家的重要特质，企业家要坚持做好企业，企业家没有时间的积累成为不了"家"，更不能说做了一年就是企业家。责任是企业家的优秀品格，企业家是经济责任、政治责任、社会责任的载体。不论是民营企业家还是国有企业家，都要做到这三点，创新、坚守和责任，缺一不可。

创新

在企业中，谁来领导创新？答案是企业家，企业家是创新的灵魂。企业家最大的特点就是不满足于现状，不断创新，不断改变。当大家都在做一件事的时候，企业家却开始想怎样做另一件事。德鲁克认为，企业家最大的特点是创新和把握机遇，冒险不应是企业家的选项。我很赞同这个观点。过去供给不足，机会成本不高，敢吃螃蟹的冒险者有可能成为企业家。而现在，市场竞争异常激烈，企业家应认真思考、评估和把控风险，识别并有效利用各种机会提升经济效率，以创新的思想和方法推动企业发展。

企业家不能为了创新而创新，而是要为客户解决问题、为客户创造价值而创新，这是根上的事。因为做企业归根结底要有效益、有价值，在企业里能赚钱的技术才是好技术。坦率来讲，技术创新是创新的核心，尤其是在新经济时代，技术创新至关重要。即使是传统企业，也需要技术创新助力企业转型。过去，我们讲企业家做企业家的事，科学家做科学家的事，但今天应该高度融合，我们需要科学家型的企业家，也需要企业家型的科学家。科学家型的企业家，既要保持自身优势，也要加强对管理、营销、财务等方面知识的学习。而传统型的企业家，也要学习一定的科学和技术知识，要做懂科技的企业家，这是当今企业家需要具备的能力。

创新是引领企业发展的第一动力，但同时高投入、高风险、高收益、高外部性的特点也让创新具有了很强的不确定性，因此企业家必须特别重视创新的有效性。大家可能觉得有效的创新很难、很神秘，其实不然。创新不能只靠个别人的"灵光乍现"，创新是可以学习的。开展有效的创新，应从以下几个方面去考虑。

有目的地创新。提前分析机遇、目标和路径，细致地谋划组织。德鲁克认为，有目的地创新甚至能减少90%的风险。很多人一听到创新就坐不住了，项目不了解清楚就立马干起来，这种盲目创新的例子并不少见。2000年，社会上曾涌现出互联网热和纳米热，大家一窝蜂去做，结果很多企业都失败了，后来又掀起石墨烯热，石墨烯技术的确重要，但不是谁都能做的。

有组织地创新。创新不能靠单打独斗，任何创新都要在一个系统组织中进行，形成功能互补、良性互动、开放共享的创新格局。创新需要战略勇气，而有效创新更需要系统支撑。企业要通过内外部资源的多元协同，充分发挥好组织创新的优势。例如，现阶段不少企业热衷于动力电池，跃跃欲试都想投资。其实，这样的做法并不合理，企业之间应该合作，联合创新。过去我国三大电信运营商都有各自的铁塔，现在新组建的铁塔公司把三家电信运营商的铁塔统一起来集中运行，不但节省了巨额投资，还聚集了很多资源。

在熟悉的领域创新。相比而言，企业在熟悉的领域创新更容易成功。做企业，业务选择很重要，但选对了业务只是开头。业务选好后可能需要一二十年或二三十年，甚至更长时间，企业才能做到一流。在创新的过程中，如果我们放着熟悉的业务不做，反而进入一个完全陌生的领域，一切从零开始，犯下颠覆性错误的风险就会很高。我在做国药集团董事长的五年里，学到了不少东西，也发现了不少机遇，但我做建材时没去做过医药的项目。为什么？因为我觉得建材领域的技术人员不熟悉生物医药的东西，在一个不熟悉的领域里我们无法决策。当然，我对跨领域创新并不是持否定态度，外部的某些创新可能对行业产生很大的乃至颠覆性的影响，这是必须认真研究的。但是，创新通常需要对一个行业有着深刻的了解，不是有多年积累的"内行人"，对于风险点和路径往往无从判断，盲目跨界十有八九会出问题。若确定要跨界且条件具备了，也需要有熟门熟路的盈利点作为支撑。

创新要善于把握机遇。抓住机遇是创新的巨大推动力，例如结构调整里有转型升级的机遇，新知识、新需求里有扩大市场的机遇，竞争压力下有技术创新、降本增效的机遇，时尚潮流里有提升品牌价值的机遇，等等。高铁、支付宝、共享单车、网购"新四大发明"广受欢迎，就是因为满足并挖掘了人们在出行和消费等方面的深度需求。所以，创新的机遇无时无处不在。其实，每次在经济下行或大的经济结构调整中，总有企业因不适应变化而销声匿迹，也总有企业因敏锐捕捉并抓住创新机遇而快速发展。机遇需要用心发现，敏锐的创新意识来自长期实践观察，专业眼光、市场嗅觉与行动能力都需要长期的修炼，就像翱翔的雄鹰鸟瞰大地上的风吹草动，随时出击。

选择合适的创新模式。很多年轻人不乏创新精神，但困惑于用什么模式创新。其实，创新有很多模式，模仿创新、集成创新、自主创新、协同创新、持续性创新、颠覆性创新、商业模式创新等都是有效的创新模式。企业究竟选择哪种创新模式或兼而有之，取决于企业自身的基础、想法和发展阶段。企业往往从模仿创新做起，进而发展成集成创新，再发展成自主创新，若遇到重大创新也要汇众之力开展协同创新。而在创新方向上，既要以现有业务为基础开展持续性创新，又要未雨绸缪进行颠覆性创新，还要把技术创新和商业模式创新结合起来。

虽然创新和技术进步有关，但两者并不能画等号，因为创新不完全依赖技术，往往更多依赖创意和商业模式创新。商业模式创新就是发现新的价值创造方式，为企业、客户、社会创造价值，从而淘汰旧的商业模式。环顾世界，商业模式创新成就了很多企业。麦当劳、肯德基、家乐福等知名企业，都没有什么特别高端的技术，从事的也不是高精尖领域，而是聚焦中低端技术，通过探索新的商业方法、商业组织等，创造了惊人的业绩。

开展有效的管理。有效的创新有赖于有效的管理。现在一些科技型上市公司之所以运作得不太成功，原因之一就是科学家不擅长管理。科学家有了创新成果，常有自己做工厂、做管理的倾向，而一旦把工厂做起来了，就会涉及贷款、生产、销售等各种问题，等于说科学家要向企业家转变，但做管理是不容易的。电灯的发明者爱迪生当年就创建了很多公司，但出于管理不到位，最终都以失败告终。这说明，创新做得再好也不能替代管理。

营造创新的文化。企业要想打造创新高地，必须有一套尊重创新、崇尚创新、宽容失败的文化，有一片能够激发创新热情、鼓励创新实践和提高创新回报的土壤，搭建事业平台、人生舞台，给予创新人才更多的自由、更少的羁绊，让他们可以有充分的时间和资源去放飞思维、实现梦想。创新是个破旧立新的过程，也是个试错的过程，因而企业既要弘扬敢为人先的创新精神，也要有包容心、宽容度和承受力，对于创新中的过失和失败，予以一定的宽容，不能成者王败者寇。没有好的大环境，没有适宜的机制，很难吸引人才，即便人才来了也很难留住，或者人才长期被压制，慢慢就会失去才能。这就好像挖来一棵树种在你的地里，如果地里的环境不好，土壤干枯、缺水少肥、温度不佳，再好的树苗也难以成活。

中国建材有效创新的例子很多，比如超薄玻璃，也叫超薄电子触控玻璃，是电子信息显示产业的核心材料，用来做手机、电脑、电视显示屏的基础材料。玻璃越薄，透光性能就会越好，柔韧性好，重量也会随之减轻。但是玻璃太薄又非常易碎，怎样让玻璃既薄又有足够的强度和韧性是个世界难题。长期以来，超薄玻璃核心技术和全球市场完全被美国、日本公司封锁与垄断，导致中国电子信息显示产业关键环节缺失，产品价格常年居高不下。

中国建材以前的玻璃业务主要是建筑玻璃，近年来根据市场需求进入电子显示玻璃的高端领域。确立目标后，中国建材所属蚌埠玻璃工业设计研究院有限公司（简称"蚌埠院"，现更名为"中建材玻璃新材料研究总院"）做了大量准备，改革科研体制、强化激励措施、打造创新平台，在超薄玻璃高端化升级方面大胆迈步。短短几年时间，200多名科研人员先后突破1000多项关键技术瓶颈，让中国玻璃实现了从1.1毫米超薄到0.12毫米极薄的跨越，刷新了世界纪录，打破了国外对电子信息显示产业上游关键原材料的长期垄断，中国玻璃行业也因此实现了由追赶向领跑的跃升。目前，中国建材的超薄玻璃产品全球市场占有率已近40%。

超薄玻璃的问世意义非凡。这种玻璃厚度堪比一张A4纸，还可以像纸一样卷起来，同时还非常结实，被誉为"最轻最薄大国重器"。央视记者去采访时，技术人员做了个试验：55克钢球放在1米的高度，自由落体砸向超薄玻璃，这样的冲击力相当于一辆家用轿车以每小时150千米的速度撞停到墙上的冲击力，但玻璃完好无损。正是这块玻璃，助力华为、小米等国产品牌腾飞，为曲面显示、可穿戴设备研制和生产打下了基板材料基础，每年为我国电子信息显示产业降低成本约120亿元，为国家节约外汇约20亿美元，为保障国家电子信息显示产业安全做出了重要贡献。这项成果于 2018 年荣获中国工业大奖。

坚守

做企业要长期坚守，要当成终生的事业来做，不懈怠，更不能逃避，遇到困难，要勇于面对。坚守是企业家的重要特质。做企业是件苦差事，有没有坚守的精神，有没有超强的毅力和耐力，能不能甘坐十年的冷板凳，往往是能否成功的关键。成功是熬出来的，做企业需要一个漫长的过程，企业家必须坚守。做好一家企业需要 10～15 年，如果想做到极致，可能需要 30～40 年。有人会问，这是怎么算出来的？其实，这不是算出来的，而是做出来的。中国建材旗下的好企业——北新建材、中国巨石都做了几十年的时间，才做成不错的企业。

北京大学刘俏教授在《从大到伟大》一书中指出，一家称得上伟大的企业，必须要经过 50 年以上的历练，短时间的成功不能被称为伟大的企业，因为不知道后面有多少风险在等着。企业家都要有这样的心理准备。我们选择的是坎坷不断、奋斗不息的道路，只有坚守下去才会终成正果。

一生要做好一件事。我深耕企业 40 年，带出了两家《财富》世界 500 强企业。我到中国建材的时候，企业的营业收入只有 20 亿元，我退休时已经接近 4000 亿元，但是这之间经历了 18 年。起初，我并没有把企业做成世界 500 强的目标，只知道扎扎实实地做企业。2011 年，中国建材首次跻身《财富》世界 500 强排行榜时，我正在出差的路上，同事打电话告诉我中国建材排在第 485 位。我在国药集团的五年也是这样，国药集团的营业收入从 300 多亿元增至 2500 亿元。2013 年，它跻身《财富》世界 500 强行列。其实，这些事情都是一步一步做下来的，我没有什么远大的目标，而是千里之行，始于足下，扎扎实实做事，干一行爱一行，并且长期地去做。

有次我和一位企业家聊天，问了他三个问题：如果让你再选择一次，你还愿不愿意做企业家？从未来去看，你愿不愿意一生坚守做好企业？你愿不愿意让你的子女去做企业？这三个问题也是我经常问自己的问题，也是对企业家的终极拷问。过去做企业讲得比较多的是情商、智商，这几年讲得比较多的是逆商，就是大家应对困难和克服困难的能力，同情商、智商相比，这是能否做好企业的最大影响因素。企业家今后做企业要做长期打算，要准备应对各种困难。

企业家需要社会的关心和关怀，也需要社会的包容和支持，但企业大多是在逆境中成长和发展起来的，越挫越勇也是企业家的一大特质。从这个意义上讲，企业总是在各种处境中寻找机遇，甚至绝处逢生。在充满不确定性的经营环境下，企业家必须有耐心、有韧性，还要有应变力、抗压力、复原力、免疫力。

我国既要有一流的科学家、一流的军事家、一流的经济学家，也要有一流的企业家。如果没有企业家创造财富，没有企业家打造精良的产品，其他可能都无从谈起。美国有句名言，"美国的事业是企业"。其实，中国的事业也是企业，但企业要靠企业家带领才能做好。

责任

勇于承担社会责任，是企业家精神的重要内容。企业不是单纯的营利组织，所有的动机和出发点最终都是为了服务社会。对企业家来说，应当有"先天下之忧而忧""摩顶放踵以利天下"的境界，把履行社会责任作为自觉追求，为社会大众创造更多财富，努力增进他人的幸福和利益，而不应是一群精致的利己主义者。企业家一般都有艰苦的奋斗史，但如何看待成功后的荣誉和财富，往往是一个企业家能否终成正果的试金石。

习近平总书记在企业家座谈会上强调："社会是企业家施展才华的舞台。只有真诚回报社会、切实履行社会责任的企业家，才能真正得到社会认可，才是符合时代要求的企业家。"企业家是社会的精英群体，只有具备强烈的责任感与使命感，以促进社会发展为己任，兼顾经济效益和社会效益，将个人利益、企业利益融入社会的整体利益之中，才能赢得社会的认可与尊重，进而实现更大的发展。

"穷则独善其身，达则兼济天下"，企业家不仅是财富的创造者，更应该是关心社会、给予社会最大回馈的人。企业家对国家、对民族、对社会的责任和担当，是对企业家精神最大的升华。中国的企业家应把兼济天下的思想熔铸到企业家精神之中，努力完成从"独善其身"到"兼济天下"的跨越。爱党爱国是我们衡量中国企业家是否符合时代发展最根本的特征。作为企业家，要义利相兼，以义为先。企业家应该共享财富，回馈社会，成为财富的主人，而不是沦为财富的奴隶。

中国企业家调查系统对全国 4000 多位企业经营者的调查显示，我国企业家对履行社会责任有着很高的认可度。95.8% 的调查对象认为"优秀企业家一定具有强烈的社会责任感"；80% 左右的调查对象认为，企业在创造利润的同时，也在为社会创造财富，促进国家的发展；83% 的调查对象认为，企业履行社会责任对企业的持续发展非常重要。$^{\ominus}$

今天到了一个财富时代，企业家是创造财富的人，但要先富帮后富。我在不同场合跟大家讲过这个道理，社会也需要企业家这么做，尤其是大力支持教育。美国斯坦福大学前校长约翰·汉尼斯写过一本书——《要领》，有两点让我印象深刻：一是同理心，二是谦逊。书中讲到他在斯坦福大学做了 16 年的校长，自己 80% 的工作实际上都是在为学校募集捐款，让所有考上斯坦福大学的学生不会因家庭贫穷而辍学，保证所有考上斯坦福大学的学生都能上得起斯坦福大学。金融危机的时候，斯坦福大学的老师都在减薪，但还

　　$\ominus$　王晓光．积极履行新时代企业家的社会责任 [EB/OL].（2020-10-10）[2022-12-01].
　　https://baijiahao.baidu.com/s?id=1680166222575737211&wfr=spider&for=pc.

是拿出资金来帮助每一位入学的学生，我看后挺感动。

过去这些年，我国企业家不断地创新并创造财富。时间过得很快，财富真的被创造出来了。看一看福布斯全球富豪排行榜，我国入榜的企业家不少，但是富有并不等于就是真正的企业家。企业家要创新，还必须尽社会责任。比如，企业家可以支持教育、推进乡村振兴事业、关心弱势群体等，做到这些才能真正成为符合时代要求的企业家。目前来看，我国的企业家群体不断壮大，也是社会中一个比较富裕的群体。对这个群体来说，今天最应该做的就是多尽社会责任、多回报社会。

国企改革的三大抓手

　　怎么把我国以公有制为主体、多种所有制经济共同发展的基本经济制度跟市场接轨，实现国有资本和市场经济的有效结合，是改革的出发点和难点所在。党的十八大以来，经过在理论和实践上的大量探索，基本解决了这个难题，就是做好国企改革的三大抓手：体制、制度、机制。体制就是处理好国有经济、国有资本、国有企业之间的关系，国资委管资本，国家出资企业管股权，被投资企业开展市场化运营。制度就是国企运作的方式，是所有者、经营者、决策者、执行者之间的关系。机制就是企业效益和经营者、劳动者利益之间的关系。现在体制、制度上都有比较清晰的办法，在机制上进一步发力，推开国企改革的最后一扇门，是当前最重要的事情。

体制改革：资本要管住，更要管好

　　国有资本和市场怎么接轨，这是个世界性难题。很多西方国家采取"私有化"的方式,效果不一定好。我国是社会主义国家,不仅不能把国企私有化,还要理直气壮地做强做优做大国有资本和国有企业。那么,国有经济怎么和市场对接呢?这是个体制问题。党的十八届三中全会提出"以管资本为主",这是非常重大的改变。党的十九大进一步提出"改革国有资本授权经营体制"。2019年6月初,《国务院国资委授权放权清单(2019年版)》正式对外公布,距离颁布《改革国有资本授权经营体制方案》[⊖]只有一个多月的时间,这是授权经营体制改革的重要举措,可谓是国资委"刀刃向内"的一场"自我革命"。

首先,要做到出资人到位。过去国企经历过"九龙治水",很多部委都在管也都不管,直到成立了国资委,作为国有出资人代表机构,对国有资产集中统一监管。围绕着怎么管的问题,当时采取的是管人、管事、管资产相结合的方式。现在提出以管资本为主,国资委回归到国有资本出资人代表的职责上来,管好资本。

国资委要实现以管资本为主,关键是转变职能、简政放权,构建"国资委—国有资本投资公司、国有资本运营公司、产业集团—国家出资实体企业"三层管理模式。国务院国资委或地方国资委作为出资人,用资本运营的方式发展国有经济,优化国有资本战略布局,促进国有资本流动增值。国有资本投资公司、国有资本运营公司、产业集团由国资委直接监管,按照《公司法》,从资本收益、

　⊖　2019年4月28日,国务院印发《改革国有资本授权经营体制方案》。2019年6月,国资委印发《国务院国资委授权放权清单(2019年版)》。

战略发展等角度出发，以股权方式投资产业平台。国家出资实体企业（包括国有参股、控股企业）完全按照市场化规则和现代公司治理要求进行管理，可以引入职业经理人制度，在薪酬福利和激励机制等方面与市场完全接轨。以管资本为主和把目标锁定在做强做优做大国有资本和国有企业上，打通我国社会主义基本经济制度与市场经济衔接的"最后一公里"，让国企走上改革之路，成为真正的市场主体。

国资委"以管资本为主"，主要解决两个问题。

一是管好国有资本的布局和结构调整，使得国有资本能够解决国家亟待解决的问题，突破"卡脖子"技术壁垒等，推动国有资本向关系国家安全、国民经济命脉的重要行业和关键领域集中，向提供公共服务、应急能力建设和公益性等关系国计民生的重要行业和关键领域集中，向前瞻性战略性新兴产业集中，这是国有资本非常重要的功能。

二是要把握管住和管好的平衡。"以管资本为主"不能简单理解成"以监督为主"。监督管理常被简称为"监管"，给人的直接感觉是"要监控、要管住"。监督管理应该有监督和管理两层含义，监督的同时更要注重管理，而管理又不是一味地要管住、管死，而是要管好。管好就要立足于把国有资本做强做优、发展壮大。我们希望，"对国有资产的监管"含有"发展壮大国有资本"这样一个更重要的内涵和目标。

其次，做企业始终面临着促进发展与防范风险的两难。如果过于强调发展，可能会出大风险。如果过于强调风险，企业可能就止步不前。所以，既要立足于发展又要防范风险。在董事会里，赞成一个错误的决定和否决一个正确的决定，同样负有责任。而有时否决一个正确的决定可能责任更大，因为企业将错失发展的机会。

企业不发展有时是最大的风险，也可能是最大的国有资产流失。国有资产的流失，可以从两个维度去看。从静态上看，出于寻租和损公肥私造成的损失是一种国有资产的流失；从动态上看，国有资产不能保值增值，或者低于社会平均水平，也是国有资产的一种流失。的确，国有资产流失是非常值得关注的问题。国企改革要遵循"三个有利于"标准，即有利于国有资本保值增值，有利于提高国有经济竞争力，有利于放大国有资本功能。

制度改革：完善中国特色现代企业制度

1994 年，国务院召开全国建立现代企业制度试点工作会议，确定在百家企业进行试点，即百户试点。当时的百户试点引起了全世界的轰动，因为中国国企真要改革了。百户试点的主要目标是推行现代企业制度，现代企业制度的核心内容是"产权清晰、权责明确、政企分开、管理科学"。这些年来，国企的现代企业制度已经基本建立起来。

作为百户试点企业，北新建材的那一轮改革分了两步。第一步，工厂先改制成为有限公司。北京新型建筑材料总厂在试点中改成北新建材（集团）有限公司，国企就变成了按《公司法》注册的有限公司，向公司法人制迈进了一步。那个时候，我集董事长、总经理、党委书记于一身，公司开董事会、办公会、党委会都是同一拨人。当时并没做到决策层和执行层分开，也没真正的所有者，不存在所有者和经营者分开的问题，只能算是过渡阶段。第二步，上市。为此，北新建材（集团）有限公司剥离了三项优质资产，将当时最赚钱的石膏板、岩棉及龙骨三项业务打包，组成了一个新的公司——北新集团建材股份有限公司，与集团构成了母子公司关系。尽管整个过程很曲折，但北新建材义无反顾，仅用了一年三个月的时间就成功上市。现在，北新建材是一家非常优质的上市公司。

党的十八大以后，更加强调中国特色现代企业制度，"特"就特在把党的领导融入公司治理的各个环节，把党组织内嵌到公司治理结构之中，进一步对党组织、股东会、董事会、监事会、经理层等各治理主体的权利、义务和责任进行清晰界定，保证企业中各层级权责明确。

建设中国特色现代企业制度要做到两个"一以贯之"：坚持党对国有企业的领导是重大政治原则，必须一以贯之；建立现代企业制度是国有企业改革的方向，也必须一以贯之。加强党的全面领导，同时也要继续完善公司治理，两件事之间要掌握好平衡，不能偏废。我们现在面临的问题是，应该按照《公司法》的要求，把董事会的权利真正落实到位，如战略决策、选人用人、运营管理等。《国务院国资委授权放权清单（2019年版）》的发布，加大了对企业授权放权的力度，有助于进一步健全现代企业制度，让企业成为真正的市场主体。

以中国建材为例，我刚做总经理时，集团面临极端困境，是生存的本能让我痛下决心，思考央企市场化的系统方法。在那些困难的日子里，我常常难以入眠，苦思冥想后想出四个字——"央企市营"，没想到，这四个字把企业给救了。所以，改革不像田园诗般浪漫，改革是被倒逼出来的，舒舒服服的人不会改革。困难的时候需要改革，往往也是改革的好机会。"央企市营"的实践可以说是多年来央企市场化改革的一个缩影，它从企业的视角，回答了央企这些年为什么能够发展，如何进行发展的问题。

"央企市营"既不是"央企私营"，也不是"央企民营"，而是央企市场化经营。"央企"是所有者属性，包括四个方面。一是坚持企业中党组织的领导作用，坚持员工群众在企业中的主人翁地位。坚持党的领导是我国国企的独特优势。二是带头执行党和国家的方针政策，带头推进产业升级、科技创新和节能减排，带头大力发展战略性新兴产业。三是在企业发展过程中，主动承担经济责任、政治责任和社会责任。四是创造良好的经济效益，让国有资产保值增值，为全民积累财富，真正成为我国社会主义市场经济建设的顶梁柱。

"市营"是市场化属性，包括五个要点。

股权多元化。如今，我国纯粹的国企很少，大多数国企已经上市，进行了股权多元化改造。股权多元化是企业保持活力和竞争力的有效保证，不仅能把民营资本和社会资本吸引进来，还能使企业决策体系、管理体制和经营机制发生深刻变化。

规范的公司制和法人治理结构。过去，大部分国企是按《中华人民共和国全民所有制工业企业法》注册的，董事会没有法定地位。现在，国企根据我国的《公司法》重新进行了注册，成了真正的市场主体和法人主体，建立了规范的治理结构，拥有了真正的董事会。国资委推行的董事会试点不简单，外部董事在公司董事中占多数，包括一些社会精英人士，而且外部董事担任专门委员会主任，这是很了不起的改革，目标是给董事会更大的独立性和空间，建设规范的治理结构。

职业经理人制度。现代企业是建立在所有权与经营权相分离基础上的，因而产生委托代理关系，并通过逐级委托，股东会委托董事会，董事会委托经理层，高效的委托代理可以让企业降低经营成本，提高效益。因此，完善的董事会制度只解决了国企规范治理问题中的一半，只有把职业经理人制度建立起来，才能构成企业委托代理的完整闭环。中国建材这些年来一直大力推行职业经理人制度，并积极探索经理人职业化机制。职业经理人制度为中国建材奠定了坚实的人才基础，包括南方水泥厂负责人在内的一大批民营企业家都是很优秀的职业经理人。

内部市场化机制。在用人及分配机制等方面与市场接轨，推动国企实现"干部能上能下、员工能进能出、收入能增能减"。这三项制度改革是改革的出发点，看似简单，但直到今天仍是国企改革实践过程中的难点。随着改革的深入，现在"能增能减"已经基本做到了，"能上能下"和"能进能出"这两方面还要继续努力。

按照市场化机制开展运营。国企完全遵守市场的统一规则，只享受正常的待遇，不享受特别待遇，不吃偏饭，不要额外保护，与民企及外企同台竞技、合作共生，追求包容性成长。实际上，多数国企都处在充分竞争领域，没有任何垄断，发展的动力不是源自额外照顾，而是来自市场。如果国企总是寄希望于政府的特殊照顾，活力和竞争力就会大大减弱。

机制改革：让人力资本参与财富分配

现在国企改革在体制、制度上都有比较清晰的办法，而且改革已经初见成效，下一步要在机制上进一步发力，推开国企改革的最后一扇门。在许多民企，特别是高科技企业里，人力资本都参与了分配，给了骨干员工很多期股、期权，但有的国企在机制上做得还不太够，由此带来两个问题：一是优秀的科技人员和管理人才容易流失，二是创新能力不强。这是激励机制问题，必须从机制上取得突破。在 2018 年 10 月召开的全国国有企业改革座谈会上，刘鹤同志强调增强微观市场主体活力，就是要加强正向激励，健全激励机制。这次会议要求以"伤其十指不如断其一指"[⊖]的思路，扎实推进国企改革。

企业机制是调动企业各动力要素向企业目标前进的内在过程。员工的利益和企业效益之间有正相关的关系就是有机制，反之就是没有机制。企业机制是企业的原动力，无论企业是什么所有制，无论企业规模多大，有机制的企业才能很好地发展，没有机制的企业很难生存。

国企要持续深化三项制度改革，推动"三能"制度化、程序化、常态化，即"干部能上能下、员工能进能出、收入能增能减"。三项制度的改革是为了解决效率问题，比如"收入能增能减"是指推动薪酬分配向做出突出贡献的人才和一线关键苦脏险累岗位倾斜，提高员工的积极性，从而提高效率。今天我们处在一个科技时代、新经济时代，光有效率不行，还要有公平。这也是传统经济与创新经济最大的不同之处。在传统经济时代，劳动力是成本；而在创新经济时代，人力是资本。我们要承认人力资本。国企改革三年行动提出了超额利润分享、跟投计划，这些都是非常好的政策，在整个改革里，只进行三项制度改革是不够的。

经过多年的实践和试点，中国建材摸索出几种有效的企业激励机制，比如推进员工持股、管理层股票计划和超额利润分享，我称

　⊖　中国政府网．刘鹤出席全国国有企业改革座谈会并讲话 [EB/OL]．（2018-10-09）[2022-12-05]．http://www.gov.cn/guowuyuan/2018-10/09/content_5328968.htm.

之为"新三样"。"新三样"是相对"老三样"而言的,"老三样"是指劳动、人事、分配三项制度改革,针对的是"吃大锅饭",解决"干多干少一个样,干和不干一个样"的问题。"新三样"旨在让人力资本参与分红,解决企业的财富分配问题,目的是提高员工的获得感和幸福感。

员工持股。依照《公司法》,员工持股主要是让骨干员工、科技人员来持股。实践表明,通过员工持股,公司平台能够很好地运营,在平台里员工股份是流动的,持有的股份是激励股而非继承股。一般来说,员工股份不上市流通,而是分享红利和净资产升值部分,员工退休时由公司回购其股份,再派分给新的员工。这样,既能保持员工的稳定性,又能保持员工持股的延续性。

股票市场波动是始终存在的。如果将员工持股量化为股票,实际上有时是不稳定的。如果员工拿了股票,从股市中退出,也就失去了员工持股的真正意义,会减少员工持股的总量,带有不确定性,不利于企业的稳定经营。目前,员工都希望能够得到更加实际的现金奖励,这也是公司激励的一个新趋向。西方跨国公司一般都有分红权,差不多员工收入的一半来自年终分红。中国虽然情况有所不同,但可以选择进一步放权让利,让改革再进一步。比如每年进行分红,并和当期效益结合起来,这样更实际一些。也就是说,员工持有的股份不流通,员工不享受股票溢价,由员工持股公司享受溢价,而员工享受分红权、净资产收益权,这样就不受股票价格下跌的影响。这种方法对员工来讲可能更安稳,对企业而言也等于给员工戴了"金手铐"，使员工更能稳定地工作。

管理层股票计划。它一般包括期权、增值权、限制性股票等，很多公司都在做。中国建材采用的是股票增值权，也被称为影子股票。股票增值权简便易行，把管理层收益和股价结合起来，进而将管理层的积极性与企业的市值结合在一起。管理层不出现金，也不真正拥有股票，但享受股票的增值，对管理层来说是比较安全也行之有效的办法。

我在国外经历了很多次路演，每次在路演结束的时候，基金公司都要让我谈谈有什么激励机制。我说有股票增值权，对方问兑现了没有，我说兑现了，对方就很高兴，就愿意下单买股票，这是如今的现实情况。公司为管理层分配部分股权，实际上也是为了所有者，管理层维护股价，有利于增加公司的价值；而如果管理层和公司的价值毫无关系，就没人去维护股价，公司的价值也就可能下降，其中的大账小账，所有者应该算清楚。现在，中国建材旗下的上市公司都在积极探索激励机制，并结合自身特点制订激励方案。

国资委 2020 年发布了《中央企业控股上市公司实施股权激励工作指引》，文件中有一项非常好的改革。过去国有控股上市公司中的境内上市公司及境外 H 股公司股权激励是按照授予时薪酬总水平的 40% 限定股权激励收益；现在对这一规则做了调整，改成中央企业控股上市公司股权激励的授予价值控制在薪酬总水平的

40%，而对股权激励后续行权收益不再进行控制，也就是说后续行权的限制被打破了，所持股票可以自由去兑现。这是非常大的变化，对管理层持股制度变革而言意义重大，上市公司对此要充分重视。

超额利润分享。有很多企业不是上市公司，也不是科技型企业，而是生产制造公司或贸易公司，那怎么办？它们就可以实施超额利润分享。这是从税前列支的一种奖励分配制度，把企业新增利润的一部分分给管理层和员工，也就是我们以前常讲的利润提成。比如，企业定了1亿元的利润目标，最终利润是1.5亿元，超额的5000万元就作为利润分享的对象。这样既确保了公司的利益，也提高了员工的积极性，应该普遍实施。

一部分人先富起来，但工薪阶层仅靠工资是很难富起来的，还得靠分红。中共中央、国务院印发的《关于深化国有企业改革的指导意见》提到，企业内部的薪酬分配权是企业的法定权利，由企业依法依规自主决定。超额利润分享实施工资总额备案制，公司利润越多，员工分红就应该越多。西方跨国公司用的也是这个方法，到了下半年，每位员工都能算出自己的年收入。年收入的构成一般是基薪占40%、分红占60%，当年效益好分红就多，效益不好分红就少。当然，管理层分股票，退休之后再拿到钱，普通员工分现金。就是这样的一个机制，并不复杂。

时不我待，国企改革要立足于机制上的全面突破，加快推进机制改革。我国国有企业微观主体搞活了，宏观经济才能有发展。牵一发而动全身，机制改革的成功，反过来也能支撑国有资本投资公司、国有资本运营公司、产业集团管股权，国资委管资本的改革。这是国企改革的突破口，是我们今天重要的历史使命。

混合所有制改革

　　最早提出混合所有制的概念是在党的十四届三中全会上，那时我们就意识到，在我国的经济生活中有国有企业、民营企业、外资企业，一定会出现交叉持股的企业形态。到党的十五大时，混合所有制经济的概念被正式提出来。党的十八届三中全会把发展混合所有制上升到基本经济制度重要实现形式的高度，既是对多年来国企改革实践的总结和认可，也为新形势下深化国企改革指明了大方向、着力点。

　　党的十九大把发展混合所有制经济与培育具有全球竞争力的世界一流企业联系在一起，党的二十大提出要加强混合所有制企业、非公有制企业党建工作。这为混合所有制改革进一步指明了方向，加强党的领导，依靠市场力量引入战略投资者，引入积极股东，优化股权结构，促进经营机制转换，增强企业的活力和竞争力，向世界一流企业迈进。目前，混合所有制企业已经相当普遍，自2013

年以来，国企改制重组引入各类社会资本超过 2.5 万亿元，央企和地方国企混合所有制企业户数占比分别超过了 70% 和 54%，一大批企业以混促改，完善公司治理，提高规范运作水平，深度转换机制，活力和效力显著提高。中国建材的混改实践是央企改革的一个缩影。

混合所有制不是"谁吃谁"

改革开放以来，随着产权制度改革的深化和公司制、股份制改革的推进，我国混合所有制企业比重日益加大。很多国企虽然是其上市公司的第一大股东，但从股份的绝对值来看，社会资本往往占大部分。实践证明，混合所有制是把"金钥匙"，它解决了"国有经济和市场接轨、国企深化改革、社会资本进入国企部分特定业务、国有资本与民营资本携手共进"四大难题，有力地支持了中国经济的发展和中国企业的成长，用好了可以一通百通。

我国经济是包容型、融合型的，大力发展混合所有制既是我国以公有制为主体、多种所有制经济共同发展的基本经济制度使然，也是中华民族包容和谐文化使然。中国问题专家郑永年讲"中国模式"有两点：一是中国共产党领导，二是强大的国有经济。那么，国有经济的主导作用如何发挥呢？它有两个途径：公益保障领域由国企实现，目标是做好服务、降低成本、提高效率和减少浪费；竞争领域由混合所有制企业中的国有资本实现，目标是国有资本保值增值。

在社会主义市场经济体制下，既要以国有经济为主导又要搞市场经济，希望国有经济进入市场，依照市场规律做强做优做大，混合所有制是一种有效的方式。这是我们的大智慧，其实，中国人很早就懂得辩证思维，能把两个看似不同的东西融合在一起，像道家的太极图就把阴阳结合成极致，"白鱼"和"黑鱼"完美地融合在一起。今天的"两个毫不动摇"、混合所有制经济，都是看到了事物内在的对立统一关系。

对于混合所有制，有的国企和民企存有疑虑。国企担心民企"蚂蚁搬家"，会把国有资产"蚕食"掉。民企担心的是，民营资本被"国营化"，国有资本越来越大，民企权益得不到保障。其实，混合所有制是国有经济和非公有制经济成分交叉持股、相互融合的新型所有制形态。在混合所有制企业里，国有股和非公股都是平等股东，各自的权利都神圣不可侵犯，都在《公司法》下规范运作，以股权说话，因而不存在谁吃掉谁的问题。

过去这些年，社会上有的人把国企和民企对立起来，一会儿讲国进民退，一会儿讲国退民进。在一些论坛上，我发现听众对民企创业者往往报以热烈掌声，而有人批评国企时，台下也会鼓掌。我常想：能不能也给国企一些热烈的掌声呢？其实，现实中的国企和民企并不像外界形容的那样生疏与隔阂。中国建材重组时，民企也都是心悦诚服地加入中国建材。

国企和民企一家亲，二者是中国特色社会主义市场经济中的一对孪生兄弟，应彼此借力、相互融合、共同发展，不应人为地割裂。混合所有制企业好比一杯茶水，水可能是国企的，茶叶可能是民企的，但变成茶水之后就没办法分开了，也没必要去分开。我前些年写了一本书叫《国民共进：宋志平谈混合所有制》，我国著名经济学家、北京大学教授厉以宁在序里这样写道："在一定时间内，国有企业、混合所有制企业、民营企业将会三足鼎立，支撑中国经济，但各自所占 GDP 的比例将有所增减，这是正常的。"

混合所有制不是一厢情愿的事。在混合过程中，我常想两件事。一是和谁合作。选择合作方要从自身战略出发，确保产生协同效益，民营企业家及其团队的专业能力和精神面貌也非常重要。二是能给予民企什么。我的体会是，国企要有清晰的发展思路，能给民企提供一些战略性支持，让它们看到美好的前景，也要通过先进的制度设计实现互利共赢，让大家既能看到眼前的利益，也能看到混合后的长远利益。另外，还要给予对方充分信任，让它们说得上话，做得成事，真正感到这个平台能够干事创业，如鱼得水。

对民企来讲，与国企合作也要研究几件事。一是战略。要明确自身的发展目标，想清楚与国企合作的动因是否充分。二是文化。越市场化的国企对民企的看法越公正。文化是合作的基础，文化若能融合的话，即便是换将也不至于出大问题。三是企业领导者。一个企业的领导者能不能包容他人、是否值得信赖，这也是很重要的。

改革不是你得我失的零和博弈，混合所有制改革有这个潜力，让大家都从中受益，实现双赢和共赢。改革是奔着解决问题来的，不改变我们就无法解决发展中的问题。混合所有制改革也是这样的，混改是一个新路径、一个大方向，既然认准了这条路，就要坚定地走下去，路会越走越宽。

混改应分层分类深化

混合所有制企业和其他股份公司是一样的，要符合共同的目标、战略，符合各个股东的要求才能做好。推动混合所有制改革，要坚持"三因三宜三不"[⊖]的原则，遵从市场规律，一切从实际出发，其中"宜"就是"宜独则独，宜控则控，宜参则参"。

宜独则独。公共事业、公益保障领域一般由国企承担，采用独资形式，主要是服务和保障全民利益。国企在重大基础项目等方面应具担当，不光服务于全民，也服务于民企。前几年我去德国访问，和德国议会议员、交通部部长一起交流。他谈到德国在 20 世纪 90 年代一下子把所有企业都私有化了，到后来发现不行，比如公交、自来水等事业，应该是公益保障类，是以质量为中心的。德国的地下自来水工程大约都是 100 年以前建设的，现在还在使用，做这些工程不是简单地为了盈利，而是要为社会全民服务，要以确

⊖   在"三因三宜三不"的原则中，三因是指"因地施策、因业施策、因企施策"；三宜是指"宜独则独、宜控则控、宜参则参"；三不是指"不搞拉郎配、不搞全覆盖、不设时间表"。

保质量为目的。现在，柏林和汉堡的这些公共事业又收归国有了。这些企业就应"宜独则独"，如果单纯追求经济效益就和公益保障的方向相悖了。

宜控则控。在商业类国有经济主导的大产业里采取控股方式，像央企的母公司、核心企业、重要上市公司要发挥主体作用，国有资本应该保持控股地位。中国建材和国药集团，这两家企业实际上是用控股的方式进行混合的，以央企作为平台来整合和重组民企，给民企留下一定的股份，而不是简单地收购。国家整合钢铁、煤炭行业有一定的资金支持，但整合水泥行业并没有，主要靠大企业发挥引领作用。我们的目的是要把"小散乱"的水泥企业整合起来，提高市场集中度，避免恶性竞争，形成健康良性的市场。中国建材运用市场的方法也就是"正三七"模式，很巧妙地完成了重组，混合了上千家水泥企业，推动了行业的整合，同时也成就了中国建材连续10余年荣登《财富》世界500强榜单。国药集团当时用"宜控则控"的方式混合了医药分销体系，建立了我国的医药配送网络，形成了国药集团发展壮大的基础。"宜控则控"，说复杂也复杂，说简单也简单，不是要为控而控，而是为了一个战略目标、为了整合市场，也为了在整个产业链上大家可以互利共赢。

宜参则参。"宜独"容易做，"宜控"也容易做，而国企的"宜参"却不大容易做。但"宜参"恰恰是我们混合所有制改革要认真研究的，日本不少大企业在海外合作采用的是参股模式，我们也要学会怎样参股经营。混改不能只搞控股再铺摊子，不是把民企都混到国企中来，也可以把国企的一些中小企业混出去。我们可以做更多的参股混合所有制企业，发挥战略协同、技术协同、产业链协同效应，真正做到"1+1＞2"，真正把市场机制引入企业。

这里举个例子，绿城中国控股有限公司（简称"绿城中国"）现在是一家以中国交通建设集团有限公司（简称"中交集团"）为第一大股东的香港红筹股公司，2006年7月于香港联合交易所有限公司（简称"香港联交所"）上市，并先后引入九龙仓集团有限公司（简称"九龙仓集团"）、中交集团等作为战略投资者，发展成为一家混合所有制房地产企业。中交集团、九龙仓集团、新湖中宝股份有限公司（简称"新湖中宝"）分别持有28.32%、22.29%和8.94%的股权，创始人宋卫平持股8.68%，其他公众股东持股31.77%，没有实际控制人。中交集团采取的是参股模式，一切按股份制企业规范运行，也发挥了国企和民企的互补优势，经营得很好。尤其是这两年房地产行业面临下行压力，绿城中国能够积极规避风险，创造了良好的经营业绩。

总体来看，企业在混合的过程中要分层分类深化混改。对于混合所有制企业不见得国企都要控股，在商业类企业里母公司肯定是全资或控股的，二级公司、上市公司肯定是控股的，但是再下面的很多三级、四级公司没有必要一控到底，可以采用参股的方式，利用参股调动民企的积极性。央企近年来推动瘦身健体、减少法人户数，减掉了大约2万家企业，今后可以通过混合所有制，吸引社会资本进入，对非主业的企业进行混改。这些企业在央企中可能是规模小的，和民企混合了就可能是大企业。我们在处理这些问题的时候，要抓大放小，不能只考虑"独"和"控"，还要学会"参"。

混改的关键是转换机制

在习近平新时代中国特色社会主义思想的指引下，国资委与各中央企业全面落实党的十九大和二十大各项改革精神，过去的许多改革重点难点问题已经或正在解决，国企改革的大环境也非常有利于进一步深化改革。无论国企还是民企，都要更坚决且迅速地围绕完善治理、强化激励、突出主业、提高效率的要求，真正触动机制的改变，调动员工的积极性，使企业充分市场化。

混合所有制改革是一项有难度的工作，要结合实际做细做好。大家可能比较关注"混"，其实"混"起来容易，"改"起来难，而重点又要落实在"改"字上。"混"是形式，"改"是实质。混合所有制企业的关键是转换经营机制，我倡导一个公式，"国企的实力＋民企的活力＝企业的竞争力"，就是说要把国企的经济实力、规范管理和民企的市场活力、拼搏精神有机结合起来。如果不在机制上下功夫，只图表面上"混"来"混"去，甚至把过去传统国企的官僚主义和民企的非规范化结合在一起，混合所有制一定是失败的。

混合所有制不是一混了之，关键是转换机制。混合容易，转换机制并不容易，是否有市场机制，还是取决于能不能转换到位。回顾当年国企改革上市时，一些上市公司完全按照和母公司在人员、资产、财务上"三分开"的要求，真正地把市场机制引入企业。诸如中国建材旗下的北新建材和中国巨石，都通过上市建立起现代企业制度，得以快速发展，成为优质上市公司。但是，也有些公司仅仅把上市公司作为圈钱工具，母公司和上市公司之间完全是原来传统国企的那套做法，上完市以后，还是玩着资金从"左口袋"倒到"右口袋"的把戏，最后既掏空了上市公司，母公司也被连累得一塌糊涂，甚至倒闭了。这些教训今天依然记忆犹新。所以，发展混合所有制，不能只图表面上"混"来"混"去，也应该真正地把市场机制引进来，真正地让企业有活力、有动力，这才是我们做混合所有制的根本目的。

现在有的企业已经"混"起来了，但"混"了以后没有深入改革，也就很难取得成效。这就需要混合所有制企业在推行员工持股、职业经理人制度等方面有所突破，让资本所有者和劳动者共享劳动成果。

混合所有制也不是一"混"就好，或者一"混"就灵，混改要想成功，关键取决于有没有正确的思想，能不能发挥各自优势，能不能找到各方的最大公约数。中国建材在发展混合所有制的过程中，提炼出了"十二字"混改方针、"三优先"混改原则、"十六字"混改口诀，以及一整套混改的基本做法。

"十二字"混改方针是混得适度、混得规范、混出效果。混得适度，即在"相对控股""第一大股东""三分之一多数"等基本前提下，探索多元化股权结构。混得规范，即结合市场监督机制与完善保护国有资产的相关制度流程，规范评估资产、规范治理结构、规范操作方式，有效防止国有资产流失。混出效果，即围绕提高运行质量和盈利能力，控风险、增活力、出效益，让它成为企业改革发展的强大动力。中国建材在混改中选择了"并联结构"，即各子公司按业务单元进行分类混合，这样做的好处是让每个单元都拥有机制、焕发活力，处于一种"赛马状态"，一旦出现风险也便于切割，不至于造成大的损失。

"三优先"混改原则就是活力、利润、机制优先。活力优先是指在考虑业务单元活力和对业务单元的控制力时，要把活力放在优先位置上。有活力才能使国有资产保值增值，如果过分强调控制力而忽视活力，企业经营不善，最后留下的往往是一个烂摊子。利润优先是指在考虑利润和收入时，要把利润放在优先位置上，创造良好的经济回报，不盈利的业务原则上不做。机制优先是指在开展员工持股与引入机构投资人之间，员工持股的机制要优先，让企业效益和员工利益之间建立起正相关的关系。混合所有制改革激发企业的内生动力，而混合所有制的动力则源于机制，无论采用何种混合方式，优先考虑的都是为企业引入市场机制。

在"十六字"混改口诀里，规范运作，即细致做好各项制度设计，确保混合所有制改革全过程依法依规、公开透明。互利共赢，即坚持与人分利，兼顾好各方利益，有效保护各类出资人权益。互相尊重，即混合各方要彼此理解、信任和尊重，共同进步、共同提高。在中国建材重组时，我提出要充分理解民企，保留它们的"野性"，包括灵活的机制、创新能力、企业家精神、拼搏能力等，不能简单地同化它们。长期合作，即把混合所有制作为一种长期制度安排。搞混合所有制有点儿像恋爱结婚，大家只有坦诚相待、相濡以沫，才能执子之手、与子偕老。

混改实战"六术"

在混改实践中，中国建材探索出了一套方法，包括以"三盘牛肉"吸引民企，以"三层混合"深化产权改革，以"三七原则"设计股权结构，以积极股东完善公司治理，以包容文化推动和谐发展，以管理提升确保改革实效。混合是国企改革的活力之源，混合创造新物种。中国建材的混改之所以成功，得益于把握了国企市场化改革的方向，顺应了过剩行业产业结构调整的需要，也得益于发展了一套科学的制度设计，把国企的实力和民企的活力真正结合了起来，实现了"1+1>2"。君子和而不同，只有国企真正与民企形成水稻一样的"杂交"优势，才能确保混合成功，实现和谐共赢。

以"三盘牛肉"吸引民企。要混合必须实现双赢，要变革必须端出"牛肉"来。在和民营企业"混合"的过程中，中国建材端出公平合理定价、给创业者留有股份、保留经营团队并吸引创业者成为职业经理人这"三盘牛肉"，用公平实在的收益吸引重组企业加入，为发展混合所有制经济、实现国民共进奠定了制度基础，找到了实现路径。"三盘牛肉"的做法，集中反映了与人分利、共生多赢的核心思想，在联合重组的过程中起到了关键作用。

以"三层混合"深化产权改革。第一层，上市公司中，中国建材股份有限公司等公司吸纳了大量的社会资本；第二层，业务平台上，把民企的部分股份提上来交叉持股；第三层，工厂层面，给原所有者保留30%左右的股权。通过"三层混合"，既保证了集团在战略决策、固定资产与股权投资等层面的绝对控制，又调动了子公司在精细化管理、技术改造等环节的积极性。

以"三七原则"设计股权结构。中国建材在联合重组、组建混合所有制企业中通常采用"正三七"和"倒三七"的多元化股权结构。"正三七"是指中国建材持有上市公司中国建材股份有限公司的股份不低于30%，保证第一大股东相对控股，其他投资机构及流通股不超过70%。"倒三七"是指中国建材股份有限公司持有其所属子公司的股份约70%，给机构投资者和原创业者保留30%股份。通过"正三七"与"倒三七"的股权划分，集团形成了一套自上而下的有效控制体系，在保证集团有效管控的前提下，确保了上市公司和子公司合并利润，同时将市场机制引入了企业内部。

以积极股东完善公司治理。探索多元化股权结构，重点是要引入积极股东。在实践探索中，我们认为较为合理的混合所有制结构包括国有资本和两三家非公资本组合形成公司的战略投资人，即积极股东，以及财务投资人和股民，这样既能保证企业有负责任的股东，也能使广大投资者有合理的回报。以北新建材为例，中国建材持有中国建材股份有限公司 43.02% 的股份，中国建材股份有限公司持有北新建材 37.83% 的股份，地方国资泰安市国泰民安投资集团有限公司持有北新建材 6.68% 的股份，泰山石膏有限公司管理层贾同春及其一致行动人合计持有北新建材 5.09% 的股份，其余为流通股。以中国巨石为例，中国建材股份有限公司持有其 26.97% 的股份，民企创业团队振石控股集团有限公司持有其 15.59% 的股份，A 股流通股股东持有其 57.44% 的股份。北新建材和中国巨石都是非常优秀的上市公司，都获得了中国工业大奖。北新建材是全球最大的石膏板生产企业，在充分竞争、完全开放的石膏板行业赢得了国内 60% 以上的市场份额。在全球玻璃纤维市场中，中国巨石约占 1/4 的市场份额，规模位居全球第一。

以包容文化推动和谐发展。坚持以人为本，构建"待人宽厚、处事宽容、环境宽松，向心力、凝聚力、亲和力"的"三宽三力"人文环境；坚持"绿海战略"，带动行业建立可持续发展的市场环境；坚持"十六字"混改口诀，寻求各方最大公约数，维护国有资本权益、民营资本权益和小股东利益，确保混合所有制企业能够规避和解决问题，持续良性运转。在文化与制度的结合下，中国建材通过与自然、社会、竞争者、员工和谐相处，实现了包容性增长。

以管理提升确保改革实效。对企业来说，联合重组不是目的，获得效益才是企业的目的。只有管理整合与联合重组同时起作用，对进入的企业采取深度整合、降本增效、科技创新等措施，才有可能实现并提升企业的规模效益。管理是企业永恒的主题，是做企业的基本功。企业有再好的技术或商业模式，如果管理不善，质量做不好，成本下不来，照样会失败。管理要有工法，中国建材总结了"格子化管控"，将所属企业的职能分工、经营模式和发展方向固定在相应的格子里。另外，中国建材还推行了"八大工法"（五集中、KPI 管理、零库存、辅导员制、对标优化、价本利、核心利润区和市场竞合）、"六星企业"（业绩良好、管理精细、环保一流、品牌知名、先进简约、安全稳定）、"三精管理"（组织精健化、管理精细化、经营精益化）等管理工法。

共享机制：让企业成为共享平台

　　归根结底，企业机制改革的最后落脚点是机制的创新，就是要将企业打造成让资本所有者、经营者和劳动者共享利益的平台。只有让资本所有者获得远高于社会平均利润的回报，企业才会获得进一步的投资，进行持续生产和扩大再生产。只有充分发挥优秀经营者的人力资本价值，才能让他们尽心尽力地做出正确的决策，把握市场机遇，为企业带来长期的效益。同样，企业也要承认广大员工的人力资本价值，与他们分享财富，因为企业的财富都是广大员工劳动创造的。今天，资本所有者要学会分享，已经成为金融、咨询等诸多行业的共识。

机制不是国企的特有问题

　　机制不是国企的特有问题，民企同样存在机制问题。企业的所有制结构和机制之间的关系并不是充分必要条件，即使所有制结构完全市场化了，也不等于企业就有了好的机制。不论是国企还是民企都面临着改革，国企改革的重点仍是继续适应市场化要求，而民企改革的焦点则是股份制改造和规范化运营，但两者都有共同的重点，那就是建设充满活力的内部机制。进一步地说，这种内部机制就是通过合理的分配手段，让企业所有者、经营者、劳动者的利益与企业效益挂钩。

没有好的机制，企业是不可持续的，久而久之，人才就会不断流失，这是摆在企业面前很严峻的问题。前些年，中国建材有位学财务出身的高管离职了。他工作非常努力，也干出了很多成绩，临走的时候给我发了一条信息："宋总，我非常热爱中国建材，也非常热爱您，但是我有两个小孩，现在公司给我的薪酬，我养不了家。我也知道集团不可能单独照顾我一个人，民企给我三倍于集团的工资。由于家里的情况，我考虑再三，决定离开。您总是教导我们要热爱企业，我是企业培养出来的，现在一走了之，没法面对您，只能不辞而别，希望您能理解和原谅。"我看完这段话后很感伤。回顾这些年，中国建材比较重要的改革，就是发展混合所有制。我们用 25% 的国有资本吸引了 75% 的社会资本进行发展，撬动了 6000 多亿元的总资产，发展成为全球规模最大、综合实力领先的建材企业。今天中国建材还想继续发展，还想在科技创新上保持领先、在核心竞争力上有所建树的话，就必须进行机制上的改革。

企业要为辛勤工作的员工提供未来生活的保障，对在一些大城市工作的年轻人来说，以目前的工资水平可能很难承担起当地的房价。我们要回答的问题是，怎么才能让这些年轻人感到有未来、有希望、有奔头，只要通过自己的努力，在企业里奋斗拼搏，一切都会有的？要实现这一点，只有通过机制，让大家能在为企业创造的财富里得到他们应得的一份。

有的企业家对把钱分给员工的提法感到迷惑不解，认为这样做是把企业所有者的钱都分给大家了，这是一种误解。因为有了好的分配机制，企业的创新能力、企业的活力都会增强，进而促使企业取得更好的发展，企业所有者的利益也会得到更大的保障。这个机制并不只是对员工有好处，对所有者也很有益处，可谓"你分得多，我就会分得更多"。

凡是有好机制的企业今天都做得很好，或者，今天做得好的企业一定都有好机制。没有好机制的企业是难以做下去的，民企和国企在这个问题上完全相同，但并不是每个企业的所有者都能想明白这个道理。华为成功走到今天，有两点很关键，就是企业家精神和"财散人聚"的机制。这是倒逼出来的，华为当年很困难，很多人认为任正非做不下去，没钱发工资，打白条给员工。最后怎么办呢？他的父亲建议与其这样，不如把股权分一分，结果增强了企业的凝聚力，华为走出了困境，迅速发展壮大。今天任正非只有不到1%的股权，华为在重压下能够众志成城，这个"财散人聚"的机制起了大作用。

机制改革需要开明的"东家"

党的十九届四中全会提出："要着重保护劳动所得，增加劳动者劳动报酬，提高劳动报酬在初次分配中的比重，健全劳动、资本、土地、知识、技术、管理、数据等生产要素由市场评价贡献，按贡献决定报酬的机制。"劳动、资本、土地作为传统的生产三要素，随着人类文明的发展，特别是随着生产方式的演进，已经不能涵盖生产要素的内涵。随着高科技时代的到来，公司的资本形态发生了重要变化，我们对生产要素构成有了新的理解，并增加了技术创新和人力资本的概念。对公司而言，重要的不再是机器和厂房，而是有创造力的员工，即我们的人力，人的经验、智慧、能力都成了资本。虽然公司资产负债表上没有记载企业的人力资本，但员工能力已经成为企业创造财富的原动力。

过去只能是有形资产的要素参与分配，现在全要素都可以进行分配，也就是说分配的逻辑发生了重大的改变。党的十九届四中全会强调了"知识、技术、管理"作为生产要素，强化了以知识价值为导向的收入分配政策，充分尊重科研、技术、管理人才，要在分配中体现这些要素的价值。这为机制改革打开了"天窗"。

人力资本能否得到承认，事关国企改革的进一步深化。一说到分享，有人就会问："分享是分谁的红，是不是要分所有者的红？"其实，劳动者分的就是自己的劳动成果。就《公司法》而言，我国企业是股东所有的，如果股东不把人力资本当成资本，就不会给经营者、劳动者分红。

绿地控股集团有限公司（简称"绿地集团"）的混改模式成为近几年全国改革的重要模板，这主要得益于开明的上海市政府和国资委。我们去调研时了解到，绿地集团原来是一家国企，上海市国资委旗下的三家国企持股合计为48%，绿地集团的员工持股份额为28%。上海市国资委的下属三家企业承诺不做一致行动人，而是让员工持股平台占大股，让张玉良这位绿地集团的创业者、企业家继续做董事长。企业家可遇不可求，优秀的企业家在混改中发挥着重要作用。2020年，绿地集团进行第二轮混改时，上海市国资委又拿出17.5%的股份对外转让，这样，以董事长张玉良等管理层为首的员工持股平台就成为公司真正的第一大股东。在充分竞争领域，国有资本可以相对控股甚至只是参股，就像上海市国资委这样宜参则参，按照"管资本"的要求行使股东权利，更加注重国有资本的收益。

广西建工集团有限责任公司（简称"广西建工"）和绿地集团完成混改后，广西国资委在广西建工的持股比例由100%变为34%，成为参股股东，而绿地集团则变为控股51%的第一大股东，同时还有员工持股，核心团队持股15%。广西国资委的持股方式变成了宜参则参。为什么这么做？因为广西建工这次是增资，这么做较大幅度地降低了企业的资产负债率，解决了广西建工多年来的高杠杆问题。中粮集团有限公司（简称"中粮"）持有内蒙古蒙牛乳业（集团）股份有限公司（简称"蒙牛"）16%的股份，是它的第一大股东，但中粮并不予并表，而是让蒙牛完全作为普通股份制企业，按照市场规则运作。这些都是开明的"东家"，为了让企业获得机制，在实践中进行了不同的探索。

机制改革考验所有者的选择，改革中所有权结构和机制都要变化。机制和所有制之间有联系，比如混合所有制为引入市场机制铺平了道路，但所有制并不决定机制。高效的机制来自所有者的经营思想，来自所有者的开明和精明，来自企业的不断探索和实践。现在，不少企业通过设立激励机制，吸引人才，获得竞争优势，因而，企业应该不断加大内部激励机制的改革力度。

机制改革挺不容易的，要承认人力资本是资本，要让人力资本参与分配，这就是一场思想上的革命。过去，我们始终认为企业是所有者的，资本只有实物形态，也就是现金、厂房、土地、机器等。现在，我们认为劳动者也是资本，这是一个重大的转变，应该让企业的劳动者共享企业创造的财富。希望中国的企业所有者都是开明的"东家"，不要做"铁公鸡"，一毛不拔。不少企业因为所有者不开明，导致没有机制、缺乏创新、人才流失，最后倒闭了。

从激励机制到共享机制

除了开明的"东家"外，科学有效的机制也非常关键。实际上，设计一套好的机制是不容易的。近年来，我国国企不断深化改革，在逐步实现高质量发展的过程中，也创造了大量的财富。现在来看，共同富裕使国企改革有了新的内涵，那就是由激励机制上升为共享机制。

企业机制改革的最后落脚点是机制的创新，还得依靠管理人员、技术人员等员工，他们得有积极性。机制创新并不神秘，如果企业有好的机制，能算清账了，要做的事就行得通。无论国企还是民企，谁能破解机制的难题，谁能有好的机制，谁就能发展得快、发展得好。正如任正非所言，华为发展靠的是"认同、分钱"这四个字。"认同"，即进了华为就要认同华为的文化；"分钱"，即要有机制，分好钱就能有更多的钱，钱要分不好后面就没钱了。企业的核心是能不能分好钱，利益的关系能不能处理好。如果利益关系处理不好，企业最后就赚不到钱；如果利益关系处理好了，企业就能赚更多的钱，优秀的员工就会来，还不会走，最后还会有好的客户，所以分好钱很重要。

中国建材旗下有几个机制改革的先行者，南京凯盛国际工程有限公司（简称"南京凯盛"）就是其中之一，这家公司是中国建材工程板块的子公司，成立于 2001 年 12 月。2003 年改制后实现了员工持股，中国建材持有南京凯盛 51% 的股权，其余 49% 是自然人持股。我第一次到这家公司时，公司的十几个人挤在一个租用的小办公室里办公。当时，我鼓励他们，南京凯盛要做一家绩优企业，三年内努力实现"三个一"：营业收入 1 亿元，净利润 1000 万元，员工 100 名。结果，他们用了一年就做到了。第二年我又去这家公司时说，希望你们做到"三个三"：营业收入 3 亿元，净利润 3000 万元，员工 300 名，过了一年他们又实现了这个目标。

后来，我说你们要做到"三个五"：营业收入 5 亿元，净利润 5000 万元，员工 500 名，很快他们又实现了目标。

如今，南京凯盛已逐渐从业务单一的设计院发展成为集研发设计、设备成套、施工安装、生产调试、技术改造、水泥工厂智能化建设等业务为一体的创新型国际化工程公司，每年有十几亿元收入和上亿元利润。最重要的是，这家公司成立至今，在承接的几百项国内外大大小小的项目中，无一失败亏损。对比之下，其他一些国有工程公司，做的不少项目出现了亏损，因为它们只重视拿项目，只重视销售收入或规模，而对经济效益却不太重视。但是，员工持股的公司就不一样了，盈利是整个公司一致的行动和目标。有媒体分析称，南京凯盛"不败的纪录"根源就在于机制。

国企改革三年行动高质量地圆满收官，国企改革一项重要的内容就是要把机制做好，深化三项制度改革，在考核分配、中长期激励、职级晋升、荣誉奖励等方面形成"政策包""工具箱"。其中，中长期激励包括员工持股、上市公司股权激励、科技型企业股权和分红激励、超额利润分享、跟投等。这些中长期激励方案就是，让国企的干部、员工不仅可以获得工资和奖金，还能享受企业创造的财富。

今天我们的企业要找到一种好的机制，兼顾效率和公平，实现利益相关者的共赢。共享机制具有深层次的意义，真正激发大家奋斗拼搏，是这个时代所需要的。在这样一个时代，企业要开明，把创造的财富分配给员工一部分，使企业成为一个社会、股东、员工的利益共享平台。

企业应该是共享的平台

现在，我国已经进入中等收入国家行列，应该说社会普遍富足了。在财富分配的时候，既要照顾到所有者，也要照顾到经营者和劳动者。"资本＋经营者＋劳动者"是企业机制的基础，一定要改变现有的分配规则。不仅国企需要改革，民企也需要改革。

企业所有者的确投入了资本，但企业的财富不能都归金融资本所有，公司不是所有者的，而是全社会的，企业所有者只是投资人。现代公司的核心是"有限"，它在保护企业所有者只用承担有限责任的同时，也限制了所有者的权利，公司不是维护企业所有者的利益，而是所有者不得侵害公司的利益。

过去我们讲，董事会代表股东的利益，实际上董事会应该代表公司的利益。企业所有者不得操纵董事会，因为公司具有独立的法人财产权，企业所有者只能享受自己应有的权利，而不能超越这个权利，更不能控制董事会。董事会要对公司负责，每位董事要对自己负责，这是大逻辑。可是，过去不少企业既没这么做，也没这么想。所以，现在是时候改变规则了，应该让企业的所有者、经营者和劳动者共享企业的财富。

建立共享平台，不是企业所有者的恩惠，而是企业进化的重要标志，也是对企业财富创造者的一种尊重。人是企业中最重要的资本，虽然在企业资产负债表上没有记载人力资本，但人的智慧和能力已成为企业创造财富的原动力。企业在进行财富分配时，要充分维护员工的利益。在国外，与员工共享财富已是企业较为普遍的做法。以员工持股为例，法国工业部门企业的员工持股率超过50%，日本绝大多数上市公司实行了员工持股，在新加坡、西班牙等国家，员工持股也十分流行。

在一次论坛上，我讲到"国企改革得让员工买得起房子"，这句话被很多媒体转载了。企业要建立共享机制，让员工和企业结成荣辱与共的命运共同体，让大家通过辛勤努力的工作，共享企业财富。大家有了一定的财富，才能在社会上体面地、受人尊重地生活。

现在的生活成本高，怎样让员工有能力偿付买房、孩子读书、老人赡养、大病医疗等费用，这是改革中要解决的大问题。不解决这些问题，企业里的骨干员工就很难留住，上一轮改革的红利就会丧失，企业就会失去竞争力，所有者的利益也就得不到保障。

目前，很多国企在大力推行员工持股、超额利润分享等中长期激励计划。从长远来看，通过改革激励制度，建立共享机制，激发企业家、科技人员和广大员工工作的热情，有利于企业实现可持续发展。

现在做企业，要解决共享的问题。华为的成功靠什么？腾讯的成功靠什么？它们靠的都是共享机制。实际上，将企业建成共享平台已经成为今天优秀企业的自觉选择。在追求高质量发展的今天，企业必须开明，把自己所创造的财富分配给员工一部分，让企业成为社会、股东、经营者、劳动者等利益相关者的利益共享平台。

PART 3

第三篇

共享机制的实践

党的二十大报告提出，"分配制度是促进共同富裕的基础性制度"，并就完善分配制度作出重要部署，为在全面建设社会主义现代化国家的新征程上实现共同富裕指明了方向，提供了遵循。在我国社会主义制度下要实现共同富裕的目标，需要发挥分配制度的激励作用，最广泛地调动各方面的积极性，有效配置生产要素，促进高质量发展，通过全国人民共同奋斗把"蛋糕"做大做好。同时，通过合理的制度安排正确处理增长和分配关系，把"蛋糕"切好分好，使全体人民共享改革发展的成果。

同时，党的二十大报告还提出，要"完善中国特色现代企业制度，弘扬企业家精神，加快建设世界一流企业"。加快建设世界一流企业，不仅是我国经济结构转型升级、建设现代产业体系、实现高质量发展的必然要求，也是践行以人民为中心的发展思想，解决发展不平衡、不充分问题，不断满足人民群众对美好生活向往的迫切需求。加快建设世界一流企业，需要一流的人才，而吸引人才、激发活力需要有好的机制。

机制并不只是民企所特有的,国企也可以建立类似的机制,科研院所也不例外。民企不见得都有好的机制,拥有华为这样机制的民企并不是很多;国企也不见得没有好的机制,诸如万华、海康威视的机制就很好。在共享机制上,西安光机所的"西光模式"等,也很值得研究和学习。

在本篇中,我重点关注了共享机制的探索和实践,选择了一系列我深入了解、具有代表性的案例。其中,不仅涵盖了国企、民企、混合所有制企业等不同所有制形式,也涉及了传统制造业、服务业、高科技行业、科研院所等不同领域和业态,还深入讨论了员工持股、超额利润分享、科技分红、项目跟投等机制。当然,现实中还有更多具有标杆意义的实践案例,有待今后与大家一起继续探索,以供广大读者进一步学习与借鉴。

合肥院的员工持股制度

　　中国建材旗下的合肥水泥研究设计院有限公司（简称"合肥院"）是一家从事水泥技术研发、装备制造、国际工程总承包等业务的科研院所。合肥院1999年与国家建筑材料工业局[一]脱钩，进入中国新型建筑材料集团公司（简称"中新集团"，即中国建材的前身），那时还是个做水泥技术工程的小院，后来在中国建材集成化、产业化、工程化、国际化的"四化"战略引领下，通过员工持股的内部机制改革发展起来，打破了原来科技成果束之高阁的僵化机制，从年营业收入几千万元的亏损企业，发展成为年营业收入38亿元、利润5亿元的业绩良好的排头兵企业。合肥院现在是国资委国企改革"双百行动"试点单位，建成了全球最大的国际水泥研发中心。

㊀　2001年2月19日，国家建筑材料工业局被撤销。

中国建材旗下做水泥装备业务的有四个大型水泥设计院，分别是天津院、南京院、成都院、合肥院。合肥院原本是其中规模最小的院，2000年因经营艰难，就提出"大船搁浅，帆板逃生"的市场策略，以处室为单位组成一些员工持股的小公司。后来，这些小公司做得都很好，而合肥院却穷得叮当响。我做集团总经理后，主动去解决了这个问题。现在，合肥院继续以水泥为特色，大力推进技术、管理、制度和商业模式创新，已成为行业里工程技术服务的佼佼者。

创新和运营"双元驱动"

合肥院于1950年在北京建院，1978年迁址合肥，1999年由事业单位改制进入中新集团，2017年改制成为法人独资的有限责任公司，拥有工程设计、工程咨询、工程监理、环境治理、轻型钢结构工程设计等甲级资质，是全国建材行业勘察设计单位中首批获得冶金工程施工承包壹级资质的单位。合肥院主要从事以水泥为特色的无机非金属材料领域技术和装备的研发、生产和销售，以及提供配套技术服务，在水泥生产技术的研发应用、装备制造和技术服务领域享有盛誉。

合肥院坚持创新和运营"双元驱动"，打造科研、设计、装备智造、工程服务"四位一体"生态链，以科研设计为基础，装备智造为载体，工程服务为平台，为客户提供系统解决方案，有效实现了"科研提升装备，设计优化工程，效益反哺科研设计"的良性循环。合肥院在科技成果产业化上，不断开发新技术、新装备、新材料和新工艺，大力推进技术、管理、制度和商业模式创新，积极拓展新领域、新业态，发掘和培育新的经济增长点。

合肥院不断建立健全科研制度体系，将创新激励机制和产学研相结合，把雄厚的科研优势转化成技术成果，打造出一批以辊压机、立磨、钢丝胶带提升机为首的核心技术和关键装备，荣获多项国家科技进步奖和省部级奖项。随着全球新一轮科技革命和产业变革的不断加速演进，2019年，合肥院投资10亿元建设中国建材（合肥）技术中心，打造行业重大科学技术研发和高科技成果转化平台；2020年，合肥院投资近30亿元，建设智能化、生态化、集约化的高端装备智造园；2021年，合肥院承建的合肥南方水泥生产线优化升级项目开工，旨在建成"国际先进，国内一流"的智能化绿色工厂，成为合肥院创新成果的示范展示基地；2022年，合肥院与中材安徽水泥有限公司合作搭建生产线中试基地，推动科技成果从实验室走上生产线。

目前，合肥院是国家高新技术企业，拥有国家级企业技术中心，省级或市级企业技术中心、工程技术中心、工业设计中心和研发实验基地等科研平台，拥有一个博士后工作站，设有先进控制实验室、固废综合处置与资源化实验室；年均科研项目40项以上，多项技术成果被列入国家重大科技成果推广计划。2020年被评为国家技术创新示范企业，2022年在国资委"双百行动"专项考核中被评为标杆企业。

改制与科技成果产业化

1985 年以前，合肥院实行的是国家事业单位的等级工资制，行政人员采用职务等级工资制，工程技术人员采用专业技术等级工资制，工人采用技术等级工资制，工资分别与行政职务、技术职称和技术等级挂钩，经费由国家拨给。这种工资制度很难调动合肥院员工对科技成果进行转化的积极性和创造性，许多成果停留在论文发表、实验报告、原理样机和研究报告鉴定验收等阶段，被鉴定为"首创""领先"之后便束之高阁。

20 世纪 80 年代末，国家对科研院所逐步减拨经费，以市场倒逼改革，合肥院率先在行业内进行了分配制度的重大改革。首先，实行项目组独立核算制，项目组上缴的利润可按一定比例分级提成；其次，将工资结构中一定比例的津贴作为浮动工资，根据实际考核情况发放。这一分配制度改革激发了技术人员走向市场，积极推进科技成果转化。例如，设计人员主动出去承接设计任务，积极拓展业务范围，进行设备成套和工程总包；技术人员将研究成果由对外转让改为自办产业，通过自有资金滚动发展。

在国家科技体制改革的大环境下，科研院所陆续实行企业化转制。合肥院作为第一批转制的科研院所，1999 年开始由国家事业单位转为科技型企业并进入中新集团，员工工资也不再由国家拨给。为适应市场竞争需要，合肥院 2000 年进行了人力资源改革，建立和完善了适应企业化运行的组织管理、岗位管理、人员管理、绩效管理与薪酬管理制度。

2002 年，合肥院进一步推行薪酬管理制度改革，主要包括建立以岗位工资为基础的基本工资制度和利润分享制度。其中，基本工资与员工的岗位、能力和工作绩效挂钩，利润分享与经营单位和项目组科技成果转化取得的现金净利润⊖挂钩。经过多年的实践和探索，利润分享制度在激励知识型员工进行技术创新、促进合肥院科技成果产业化进程中起到了关键作用，加快了科技成果的转化速度。

2002 年下半年，我到合肥院与全院领导班子成员、中层干部、业务骨干一起开会交流，并以北新建材改制上市的成功经验，指导和支持合肥院开展改制试点工作。在会上，我提出：集团发展要把体制、机制做好；在做大做强上，集团所属设计院所要先走一步，既要改制也要进行规范化管理；改制要坚定不移地去做，有条不紊地去做，要规范化改制；要立足合肥院的实际，做大做强。

合肥院过去曾一度连工资都发不出来，于是采取了所谓"大船搁浅，帆板逃生"的做法，以七个处室为单位，实行员工持股，成立七家公司。结果，这七家公司做得越来越好，合肥院反而经营不善，盖章用的是院里的钢印，赚的钱却是这几家公司的，和院里没有关系。我想这样可不行，就提出合肥院占 70%，员工持股公司占 30%。当时，这几十名技术人员刚开始都不愿意接受我的提议，我

⊖　现金净利润是指扣除应收账款和分摊企业所得税后的净利润。

便动之以情，晓之以理，用了整整一天的时间，终于把他们说通了。

通过一系列改革，合肥院明确了产权关系，为激励机制的实施创造了良好的企业环境。在合肥院，改制与科技成果产业化是相辅相成的，也是有现实意义的。合肥院明确科技成果产业化必须以市场为导向，整合内部资源，发挥技术和人才优势，实行企业化运作。通过准确界定各治理主体的权责边界，建立健全董事会制度，搭建运营、创新、风险控制平台等，合肥院进一步健全激励机制，推进员工直接持股向持股平台间接持股转换，有效解决了制约自身发展的诸多问题，激发了企业的内生动力。

如今，合肥院紧盯国家重大战略指引、行业发展趋势和市场需求，以科技创新为核心，以经济效益为中心，坚持"效益优先、效率优先"的原则，精益管理，提质增效，不断推进"由传统制造业向制造服务业"和"由技术及产品销售单一的供应商向提供完整系统解决方案的综合服务商"的"两个转变"。数字经济正逐渐成为全球经济增长的新动能，合肥院坚持转型而非转行，潜心深耕水泥行业，始终坚持市场引领，在不断满足市场需求的基础上，适应市场、引导市场、创造市场。合肥院一方面大力实施五大转变和五大重点专项"双五"⊖引领战略，另一方面也在积极拓展新的行业和服务领

⊖ 五大转变是指更加注重人文关怀，更加注重社会、生态和文化建设，更加注重质量提升和结构优化，更加注重底线管控和战略前瞻，更加注重上下互动和刚弹结合。五大重点专项是指合肥市总体城市设计（含高层建筑布点研究）、合肥市空间规划、合肥市城市生态网络规划、合肥市城乡综合交通体系规划、合肥市城市综合防灾与公共安全规划。

域，推进国际化经营，打造"服务＋智能化"等发展新模式，落实供给侧结构性改革，保证契合市场及客户需求的有效供给。

与基础研究型科研院所明显不同，合肥院属于应用研究型科研院所，从国家直接获取科研项目的难度大、比例小，主要依靠自身应用研究取得的大批科技成果的产业化，进入市场，服务企业、行业和社会。作为科研院所，要让技术领头人、经营管理人员和业务骨干持股，调动他们的积极性，激发他们的创造热情，留住和吸引人才，这是合肥院发展的逻辑。

员工持股方案

为了规范员工持股行为，合肥院积极与集团公司、改制公司上下沟通，引入咨询和中介机构，科学设计员工持股方案，明确指导思想和基本原则；同时，对持股对象和范围，持股比例、方式和数量，内部员工的股权管理等也给出了指导意见。各改制公司将员工持股方案、持股明细、出资协议和公司章程按审批程序报集团公司批准后实施。

首先，确立持股对象和范围。参与持股的内部员工为与合肥院保持有效劳动关系的人员；参与公司改制并在关键岗位上工作，对公司经营业绩和持续发展有直接或较大影响的技术人员、经营管理人员和业务骨干。持股人数实行总量控制，持股名单和持股明细实行严格审批。凡进入改制公司的员工，应与合肥院解除劳动关系，辞去在合肥院所任职务，同时与该公司建立劳动关系。

其次，确立持股比例、方式和数量。除先期开展试点的公司之外，其他所有改制公司的核心员工持有该公司的股权比例合计不超过股权总额的30%，持股方式为直接持股。为了避免因自然人股东数量过多而带来公司股东会决策效率低、股权转让频繁、工商变更烦琐等问题，2018年开始推进员工持股方式改革，逐步由员工直接持股改为持股平台间接持股。个人初期持股数量结合公司整体人力资源状况，按本人以往的贡献、岗位（职位）、能力等进行分配。

最后，确立内部员工的股权管理。内部员工股权管理的具体细则如下。

- 股权管理主体。自然人股东的进入、退出和股权结构调整，先由自然人股东会协商并达成一致意见，报公司董事会审议后，由公司股东会或股东代表会议审议批准。
- 股权管理方式。公司各方股东就员工股权的日常管理、动态调整和退出等问题协商并达成一致意见，通过公司章程或股东出资协议等予以明确，以便于规范股权管理。
- 股权流转。内部员工持有的股份在公司配售三年内不得转让，三年后也只能按《公司法》和公司章程规定程序在股东或内部员工之间转让，未经股东会批准，不得在社会上进行转让交易。

- 股权转让价格。内部员工股权退出时的转让价格由转让者和受让者依法协商确定，股权转让价格原则上不得高于上一年度经审计的每股净资产值。

- 股权退出。内部员工所持的股权，在持有人从公司离职、被公司辞退或调离、死亡等特殊情况下，必须按《公司法》和公司章程规定程序将所持股权转让给其他股东或内部员工。持股员工在退休时，应在退休之日起5年内逐年按20%比例分批减持完所持股权，经本人自愿也可以在退休后一次性减持完毕或在5年内提前减持完毕。

- 股权动态调整。公司可以根据持股员工在公司内部的岗位变动、贡献变化等情况依法对自然人股东的持股结构进行合理的调整，以避免因股权固化而造成的内部冲突。对引进的特殊人才和新成长起来的核心骨干来说，可通过自然人股东内部股权调整、定向增资扩股和其他股权激励政策加以解决。

- 禁止性规定。凡未经合肥院同意，已投资与合肥院经营同类业务的公司，以及私自经营或参与跟合肥院有竞争关系的业务，经调查确认在公司改制前仍未改正的，不得参与公司改制并持有公司股权。改制后，公司股东有上述情况者按公司章程执行。

合肥院的员工持股制度，使企业与员工形成利益共同体，具有共同的价值取向，增强了员工的归属感、自我管理和自我约束意识，激发了知识型员工干事创业的热情，稳定了人才队伍，提升了组织活力。企业经营管理人员和核心骨干由于有机会享有企业"剩余价值"的所有权，因此愿意将企业的收益用于科研、资本和发展投入，以获取股权增值和长期收益，解决了科技成果产业化的投融资机制问题。核心员工持有股权后，增强了大局意识和发展意识，自觉参与企业的经营管理和监督，有效释放了人力资本的潜在价值，最大限度地降低了监管成本，促进了企业降本增效和规范健康的发展。

实践启示：从知识型员工到知识资本

知识型员工是科研院所的核心资源。科技成果的创造以及对具有实用价值的科技成果所进行的后续试验、开发、应用、推广直至形成新产品、新工艺、新材料，发展新产业等活动都离不开知识型员工的努力和贡献。正确认识知识型员工的特点，深入分析知识型员工的激励因素，调动和激发知识型员工的积极性和创造性，是科研院所开发知识资本并获得长期可持续发展的根本保证。引入员工股权激励，使掌握知识资本、为企业创造核心价值的员工与企业之间形成以产权为纽带的利益共同体，共负盈亏、共担责任，实现了人力资本的回报形式从"知识产权"向"知识资本收益权"转变。

员工股权激励机制是动态变化的。在合肥院，根据业绩和创新方面的贡献大小进行考核、晋升，实现了"股随岗走，岗变股变"的激励机制。公司章程明确约定关键岗位设职务股，持有人在任时持有，离任时以上一年度经审计的每股净资产值转让给继任者。平台合伙协议详细规定合伙人的资格条件、持有份额和比例、入伙退伙条件和价格，并将股权退出机制和动态调整进入机制列入法定条款，为内部股权的合规管理创造了条件。

在员工股权激励的基础上，合肥院还积极组织院属企业探索超额利润分享和虚拟股权激励等方案。超额利润分享综合考虑战略规划、业绩考核指标、历史经营数据和本行业平均利润水平，设定具有挑战性的目标利润，按约定比例提取超额利润。而虚拟股权激励则有利于进一步激发和调动核心骨干的主动性、积极性和创造性，增强核心骨干与企业的共同价值取向。

合肥院对科技人才采用"以岗定薪，岗变薪变"的原则，探索出了一套接轨市场、效率优先的薪酬激励体系，根据不同阶段的实际情况，进行局部调整和修改，使之日臻完善。通过多项激励举措，使员工能够即时兑现当年经营成果带来的奖励，激发了科技人才的干劲，在全院形成了只要成绩多、贡献大，收益就多的风气，从而吸引和留住高素质的人才队伍，增强企业活力、创造力和竞争力，促进企业长期稳定可持续发展。

万华的创新人才驱动机制

万华化学集团股份有限公司（简称"万华"）是一家全球化运营的化工新材料公司，为了"让每个中国人都能有一双皮鞋"的目标，公司最早从国外引进技术装备，从事人造革生产，后来进入化工原料生产领域。由于遭遇技术引进失败等困难，万华决心自己搞技术研发，随后大刀阔斧地进行体制机制改革，把技术创新作为公司第一核心竞争力，借助员工持股和科技分红两大法宝，激发骨干员工干事创业的积极性，同时鼓励创新，宽容失败，进而实现技术突破。今天，万华已发展成为利润超过百亿元的跨国化工新材料公司。

2018年6月13日，正在山东考察的习近平总书记来到万华烟台工业园。彼时万华已在发展中走出了一条引进、消化、吸收、再创新直至自主创新的道路，技术创新能力从无到有、从弱到强，逐渐发展成为全球异氰酸酯行业的领军者。习近平总书记得知后十分高兴。他说，回顾你们这个历程，一路走得很好，虽然是一个艰苦创业之路，但是很成功。之所以取得成功，我的一个体会就是走了一条自主创新之路。没有不可能的事情，就要有一股劲儿。谁说国企搞不好？要搞好就一定要改革，抱残守缺不行，改革能成功，就能变成现代企业。

2018 年年底，中国建材的干部到万华参观学习。万华的廖增太董事长热情接待了我们，在展厅为我们做了细致的讲解，并在座谈中详细介绍了万华的改革和发展历程，回答了我们关注的一些问题。虽然参观学习只有短短一天的时间，但我们基本了解了万华发展的主要脉络，领悟了万华发展的一些奥秘，概括起来有三条：创业文化、自主创新和激励机制。

走向世界的化工龙头

万华的前身是烟台合成革总厂，它是国家"六五"期间重点建设项目之一。在国家的财政支持下，万华从国外引进聚氨酯合成革生产装置。大约 7000 人从全国各地会聚在砂石遍布的芝罘湾畔，为了"让每个中国人都能有一双皮鞋"的目标共同奋战。此后 10 年，万华累计为 2 亿双合成革皮鞋提供原料，相当于提供了全国皮鞋原料的四分之一。

⊖　中国政府网.习近平：国企一定要改革，抱残守缺不行 [EB/OL]. (2018-06-14) [2022-11-29]. http://www.gov.cn/xinwen/2018-06/14/content_5298578.htm.

　　1995 年，万华改革迈出第一步，由工厂制改为公司制。这次改革改了企业名字（由烟台合成革总厂改名为烟台万华合成革集团），却没改"铁饭碗"的思想和"大锅饭"的分配体制。随后，万华又大刀阔斧进行改革，打破利益固化格局，矛头对准人事和薪酬制度，触动最深层的问题。1998 年，烟台万华聚氨酯股份有限公司改制成立，聚氨酯原料 MDI（二苯基甲烷二异氰酸酯）化工业务异军突起，万华浴火重生。

　　2001 年 1 月 5 日，万华在上海证券交易所（简称"上交所"）上市。2006 年，万华的混合所有制改革升级，让骨干员工持股，为公司技术创新和技术保密做出了巨大贡献。2008 年，万华正式引入国外战略投资者，大大加快了国际化进程。2019 年 2 月，万华实现集团整体上市，烟台、宁波、匈牙利三大园区主体化工产能均 100% 纳入上市公司。经过 40 余年的发展，万华已经成为全球最优秀的化工企业之一，也是中国唯一一家拥有 MDI、ADI（有机二异氰酸酯）自主知识产权的企业，拥有烟台、宁波、四川、福建、珠海、匈牙利六大生产基地及工厂，布局烟台、宁波、北京、北美、欧洲五大研发中心，并在欧洲、美国、日本等十余个国家和地区设立子公司及办事处，致力于为全球客户提供更具竞争力的产品及综合解决方案。

员工持股平台改革

　　万华是一家地方国企，为什么它的发展如此迅速？因为它引入了激励机制，共享了财富。廖增太董事长告诉我，万华之所以能发展好，主要是因为有员工持股和科技分红这两种激励机制。

员工持股分创业股和激励股两种。创业股是指公司创业者占有、可继承的股份；激励股是指公司员工在职时持有，而在离职时按照约定规范退出，再派给新员工的股份。万华做的就是激励股，员工持有的股份不流通，这样可以避免上市后员工把股票卖掉而失去激励作用。员工不享受股票溢价，由员工持股公司享受溢价，而员工享受分红权、净资产收益权，这样就不受股价下跌的影响。这相当于企业给员工戴了"金手铐"，使员工能更加稳定地工作。万华的员工持股机制很好的一点是有退出通道，新进入的员工也可以获得持股激励。万华旗下两个员工持股公司共持有万华 20% 的股份，国有股占 21.6%，二者比例相当，合起来可以做一致行动人。

第一次员工持股

1994 年，烟台合成革总厂通过定向募集设立了华力热电股份有限公司（2009 年改名为中诚投资股份有限公司，简称"中诚投资"），公司设立时实施全员持股，员工股东合计 3573 名。

2000 年，万华合成革集团由于长期经营不善，资不抵债，无力偿还银行贷款，濒临破产。当时恰逢国家推进银行对企业债转股，于是经国家经贸委的批复，万华合成革集团实施了债转股。万华合成革集团以它的经营性资产出资，中国华融资产管理公司（简称"中国华融"）、中国信达资产管理公司（简称"中国信达"）分别以它们受让的工商银行和建设银行的债权出资，三方共同设立了万华华信股份有限公司（万华实业集团股份有限公司的前身，简称"万华华信"）。根据当时《债权转股权协议书》约定，中国华融、中国信达持有万华华信的股权为阶段性短期持股，最迟于 2006 年 12 月 31 日前完成退出，由万华合成革集团或第三方予以收购。但是后来，万华合成革集团的经营情况未能改善，继续恶化，无力筹措现金收购。2005 年和 2006 年，由万华合成革集团员工自筹资金成立的华力热电股份有限公司受让了中国华融和中国信达持有的万华华信的股权合计 24.58%。万华整体上市后，中诚投资持有上市公司的股权为 10.52%。

2006 年的员工持股将个人与企业命运紧密相连，当时的骨干员工迄今没有一个离开。廖增太董事长告诉我，第一次员工持股效果非常好。大家拿到股份后，每年都有分红，觉得自己是股东，更有干事创业的积极性。

第二次员工持股

2003 年，上海联恒异氰酸酯有限公司[⊖]宣布成立；2004 年，拜耳公司宣布在上海独立建厂生产 MDI。不给一丝喘息之机，国外的跨国巨头再一次将万华逼到了生死边缘。作为应对之策，万华于 2005 年启动了宁波工业园项目（即后来的"宁波万华"），利用

⊖　上海联恒异氰酸酯有限公司是由全球化工巨头德国巴斯夫（BASF）、美国亨斯迈（HUNTSMAN）及中国上海华谊集团、高桥石化和上海氯碱化工共同投资组建的一家化工原料制造公司。

自主研发的最新技术建设全球产能最大的一体化 MDI 项目，全力争夺亚太市场，将命运把握在自己手中。

为留住骨干员工，形成公司凝聚力，上下同心确保万华宁波工业园项目顺利实施，2005 年公司动员当时在职的万华员工，共同出资，成立深圳市中凯信创业投资股份有限公司（简称"中凯信"），持有宁波万华 25.5% 的股权。中凯信设立时共有 1324 名自然人股东。

中凯信的成立，极大地激发了员工的积极性，万华宁波工业园项目得以顺利实施，并在 2006 年先于竞争对手的中国项目 1 年完成投料试运行，产出合格产品，使万华掌握了中国 MDI 市场的话语权，也使万华驶入了企业发展的快车道。同时，通过此次全员持股，万华有效地保留了骨干员工，为万华未来的发展留住了宝贵的人才。

2011 年，万华在烟台开发区投资建设的工业园项目正式启动，项目建设需要大量资金，万华实业集团股份有限公司（简称"万华实业"）过高的资产负债率已经影响它为万华融资提供担保。此时万华烟台生产装置已经停止运营，宁波万华成为公司唯一的现金流来源。

为了保障万华实业的现金流和融资需求，2014 年，经过多方动员，中凯信认购万华实业新增 26 011.27 万元注册资本，和万华实业换股，占万华实业 17.59% 的股权。此次换股极大地缓解了万华实业的现金流压力，提高了万华实业的融资和担保能力，对万华烟台工业园项目建设和全球化战略的推进起到了重要的作用。

科技分红

"为什么你们的员工干起来两眼冒光？"这是很多人在参观万华后产生的困惑。廖增太董事长告诉我，原因就在于科技分红，万华会拿出效益的一部分奖励相关技术人员。因为有对技术人员的激励，万华的员工充满干事创业的积极性。

万华较早建立了科研奖励体系。1993年，万华技术引进失败后，决心自己搞技术研发。但在当时既缺人才又缺激励机制的情况下，技术创新谈何容易。五年过去了，技术创新的成效甚微，产品竞争力不断下降，企业也走到了破产的边缘。穷则思变，万华于1998年年底进行了彻底的现代企业制度改革，成立了上市公司。当时承载集团公司最后希望的上市公司面临一个抉择，什么是公司的立身之本？大家认识高度一致，"技术、技术、还是技术"，因此，管理层决定把技术创新作为公司第一核心竞争力来培育。为此，万华出台了《技术创新奖励办法》，自主开发的新产品，成果转化盈利后连续5年按净利润的15%提取科研奖金；对现有工业化装置进行工艺改进，一年内产生的效益按20%～30%提取奖金；对长周期战略性研发项目实行阶段性奖励。

1999年，万华有一项创新成果根据《技术创新奖励办法》应该发放92万元奖金，这相当于整个公司半年的工资总额，在当时的中国，国企拿出这么多钱奖励给少数人，说实话还是有很大顾虑的。但是经过反复讨论，大家一致认为如果不奖励，《技术创新奖励办法》就是一张废纸，技术人员的积极性就调动不起来。最终，万华决定一定要奖励，且明确规定高管一分钱都不拿，这92万元全部奖励给一线的10位技术人员。当时，一位老工程师拿到的奖金高达21万元，比家里30多年的工资总收入还高。

这件事起到了"立木建信"的轰动效应，万华重奖人才的故事很快在业界传开了。翻看万华历任负责人的履历，不难发现，每一任"掌舵人"都是技术出身，他们始终把人才视为企业的核心竞争力，从不吝惜对创新研发的投入。

实践启示："工程师红利"

任经济形势与外部环境波谲云诡，万华坚持用人才和创新能力的确定性对冲未来的不确定性。万华坚持人才是重要战略资源，让高管、核心骨干、专业技术人员持股，给技术创新者真金白银的奖励，充分体现了劳动创造价值的思想，极大地激发了员工的工作热情。在万华，让技术人员保持热情和兴趣，比实现短期盈利重要得多。万华高管极少谈及现在怎么样，挣了多少钱，更多着眼于未来怎么办，长远应如何布局。从1999年"立木建信"重奖技术人员到如今技术成果转化盈利提成上亿元，万华形成了完备的研发体系和激励机制，"鼓励创新、宽容失败、重奖成功"绝不是一句空话。

鼓励创新。廖增太董事长多次在公开场合表达："万华允许创新失败，但绝不允许不创新"。在万华精心营造的创新生态圈里，专业技术人员像珍宝一般被妥善地保护，研发创新的目标格外单纯和笃定。受益于这样的创新土壤，各类人才脱颖而出，也让万华有能力在核心技术上实现突破，带动聚氨酯工业跃上一个又一个新台阶。

宽容失败。2001 年，万华的一位项目经理在承担一项重要技术改进工作时，因为设计细节出了问题，导致整个 MDI 设备出现故障被迫停运。对自己失误的懊恼令这位刚刚晋升的项目经理陷入了焦虑，整个设计思路被打乱。但是，技术负责人找到他，不仅没有批评和指责，还一边鼓励一边帮助他分析和解决问题。这份宽容让他和团队重拾信心，很快破解了技术难题，三天内完成了这个技术改进项目，大大提升了设备运营效率，为公司创造了丰厚的利润。不难发现，正是这份宽容让万华人获得了创新空间和成长的动力。难能可贵的是，万华为员工提供了一个良好的事业发展平台，给予足够的耐心和空间，让他们能够不断进步和成长。

重奖成功。在万华，小试成功有奖金，中试成功有奖金，产业化有奖金，产生效益连续 5 年提成奖金。就连不产生直接经济效益的基础研究，做出成果后也有奖金。更为难得的是，公司每年专门拿出 1000 万元用于支持基础研究。同级的科研人员收入要比管理人员的高，有的科研人员收入甚至堪比高管。位于专业通道上层的首席科学家，地位相当于企业内的院士，待遇与副总裁相当。研发人员被允许有 20% 的时间和经费用于自由选择的研发方向，经费可用于购买材料、外出学习考察等。

人才驱动。人才是创新的主体，创新驱动实质上是人才驱动。万华深谙这一点，一以贯之地描绘"人才济济、茁壮成长、后继有人"的人才蓝图，夯实创新之基。目前，万华全球研发人员已由 2018 年的 1000 多人增至 3000 多人，平均年龄不到 31 岁。"聚是一团火，散是满天星"，万华的"工程师红利"正不断释放出来。

信任年轻人。万华建立了一整套有活力的内部激励机制，营造了公平公正、有为有位的环境。管理、研发、生产等多个员工晋升序列的设置，让每个人都能在其中找到自己的晋升通道。万华信任年轻人，比如，一位高级研究员曾带着 5 个 30 岁出头的小伙子，攻坚突破有机化工原料 MMA（甲基丙烯酸甲酯）的生产技术，并于 2018 年实现了产业化。2019 年万华岗位调整后，"80 后"干部占所有管理人员的 60.1%。

通过自主创新和激励机制，万华培养了一支有理想、爱岗敬业、有凝聚力和战斗力的人才队伍，"工程师红利"正在加速释放。

华为的"财散人聚"机制

华为技术有限公司（简称"华为"）创立于 1987 年，总部位于广东省深圳市龙岗区。公司早先从中国农村市场起步，后拓展到主要城市，并逐步走向全球市场，成为全球领先的信息与通信技术（ICT）基础设施和智能终端提供商。华为的快速发展壮大，得益于它的"财散人聚"机制和"利益分享，以奋斗者为本"的企业文化。华为 100% 由员工持股，让员工成为公司的"主人"，形成公司与员工的命运共同体，共享财富，共担风险，激励华为员工不懈奋斗，并将这种利益分享机制从内部延伸到上下游产业链，共助共赢，度过寒冬。今天华为在重压之下依旧不屈不挠，成绩斐然。

2018 年，我率队到深圳华为参观学习。我们先是参观了华为园区以及数字化转型之路——华为企业业务展厅，之后就华为的创新模式、分配机制等与华为创始人任正非进行了交流。在和任正非的长谈中，我意识到华为在创新和机制改革等方面的各种做法，对国内企业的改革和创新、建设世界一流企业、提高中国企业国际竞争力来说都具有很好的借鉴意义。

2021年，我在东莞出差期间，又专程参观了华为的松山湖创新基地，松山湖小镇将优美的生态环境和现代化工作场所相融合，营造了一个全新的绿色园区，诠释了一种全新的工作理念。虽然周遭是城市的繁华喧嚣，但这里却是一个静谧、优美的地方，走进去让人感到很轻松自由，想必科研人员在这里工作也会有更好的创意和创新。

与生俱来的员工持股公司

从一家注册资金仅为2万元的销售代理企业成长为中国最大的民营企业，2021年在《财富》世界500强企业中排名第44位，华为的成功被人津津乐道，其中华为的"财散人聚"机制尤为引人注目。企业家往往希望员工在既有工资水平下发挥最大价值，为企业创造财富。而华为不同，它舍得给员工分钱、舍得给员工股份，坚持"奉献者定当得到合理的回报，绝不会让'雷锋'吃亏"。作为华为的创始人和独立股东，任正非的总出资占公司总股本的比例不足1%，其余全部由华为员工持有。

其实在华为刚创立时，任正非就设计了员工持股制度，他的个人经历以及父母亲的影响让他意识到，要与员工分担责任、分享利益。只有"人人做老板，共同打天下"，当时"没有背景、没有资源、资金短缺"的华为才能吸引并留住人才，从而在与世界巨头和国企的竞争中脱颖而出。华为初创时，任正非曾向学过经济学的父亲请教，得到了父亲的大力支持。父亲告诉他，民国年间的大掌柜和他的团队没有出钱也会参与分红，并让他仔细琢磨怎样利用好分红模式。任正非听从父亲的建议，并且一直坚持下来，每年拿出大量的利润分给华为的奋斗者。正是这个让所有者和劳动者共享财富的机制，用价值分配撬动了价值创造，激发了华为全体员工持续奋斗的热情，为华为的发展壮大提供了强大的动力。任正非也承认"华为今天这么成功，与我不自私有一点关系"。

截至 2021 年，华为拥有约 19.5 万名员工，业务遍及 170 多个国家和地区，服务 30 多亿人口。作为全球领先的信息与通信技术解决方案供应商，华为为运营商客户、企业客户和消费者提供有竞争力的产品与服务。

迈向基于愿景假设和世界级难题驱动的理论突破和基础技术发明的创新 2.0 时代，华为在创新领域持续强力投资，推动创新升级，不断为全行业、全社会创造价值，让更多人、家庭和组织受益于万物互联的智能世界。

在极为严苛的外部挑战下，华为表现依然亮眼。2021 年实现全球销售收入 6368 亿元，净利润 1137 亿元，经营性现金流达 597 亿元，资产负债率降低到 57.8%。其中，华为的运营商业务实现销售收入 2815 亿元，企业业务实现销售收入 1024 亿元，终端业务实现销售收入 2434 亿元。

"财散人聚"的机制

2018 年春节期间，有一天我凌晨 3 点醒来看到一则消息：华为 2017 年销售收入突破 1000 亿美元，继苹果和三星之后成为又一个收入超过千亿美元的世界级信息与通信技术企业。当时，我既兴奋又紧迫。兴奋在于，华为作为中国制造业的一颗耀眼明星，为中国企业迈向世界一流之列树立了榜样；紧迫在于，华为的共享机制引发了我对加快国企改革的思虑。我有感而发，连夜写了一篇有关机制改革和企业家精神的文章，后来刊发在《国资报告》杂志。之后，我又专门去华为拜访任正非，跟他就机制问题进行了长谈。华为的"财散人聚"机制，把财富更多地分给干部和员工，把股权和能力、贡献和年功很好地结合起来，从而增加了企业的凝聚力、向心力与亲和力，提高了企业的创新力和竞争力。

华为花了很大的精力研究设计股权结构及公司治理模式，吸收了古今中外一些企业、政党和国家的制度思想。今天，华为是一家 100% 由员工持有的民企。华为通过工会实行员工持股计划，参与人仅为公司员工，没有任何政府部门、机构持有华为股权。

员工持股计划

华为的员工持股计划始于 1990 年，可以称得上是国内股权制度改革的先行者。当时华为刚起步不久，就面临着摩托罗拉、爱立信等世界巨头对市场的垄断，急需大量的人才和资金投入到技术产品研发、市场拓展中。面临这样的发展难题，华为第一次提出内部融资、员工持股的概念，建立了一种让所有参与企业建设的知识分子共享企业发展成果的激励机制，实行"工者有其股"，这就是华为员工持股计划的雏形。

华为最初的员工持股计划是员工以每股 10 元的价格购买公司股票，购入数量由员工的级别、绩效、贡献等确定，然后企业每年拿出税后利润的 15% 进行股权分红。每个持股员工手中都有华为所发的股权证书，并盖有华为公司资金计划部的红色印章。股权分红为华为稳住了创业团队，吸引了不少人才，而且为了争取到购买资格，员工的工作积极性大大提高。员工出资购买股票的方式在当时还为华为赢得了宝贵的发展资金，帮助华为走出了经济困境，为华为拓展市场、增加科研投入、获得竞争优势奠定了基础。

随着华为进入高速增长期，公司效益不断提升，逐渐从资金困境中解脱，员工持股计划在承担内部融资功能的同时，开始真正发挥出激励作用，与工资、奖金等一起构成了华为"1+1+1"的激励模式，即在员工的收入中，工资、奖金和股票分红的收入比例是相当的。

1997 年，深圳市颁布了《深圳市国有企业内部员工持股试点暂行规定》，华为参照这一规定对公司的股权结构进行了改制和第一次增资。经过这一次改制，华为将公司员工持有的股份全部转到工会名下，由工会集中托管，改制后华为只有两个股东：一个是华为公司工会，另一个是任正非。这一并立的结构一直延续至今天。这种做法解决了华为持股员工数量不断增多的问题，因为非上市股份公司的股东人数不能超过 200 人，所以新加入持股计划的华为员工没有办法直接登记为公司的股东，将工会作为员工持股的平台和载体，既满足了股东人数的上限要求，又可以尽可能地保证全部优秀员工享受公司发展的成果。

为了提高对人才的吸引力，华为在提高薪酬的同时，也加大了员工配股力度，将员工认购公司股票的价格从 10 元 / 股改为 1 元 / 股。员工可以购买股票的数量是根据其职位、季度绩效、任职资格、可持续贡献等要素综合评价确定，一般用员工的年度奖金购买，与员工本人的出资能力无关。如果新员工的年度奖金不够认购股票额度，华为还提供贷款给员工购买股权。这次改制进一步扩大了员工持股的覆盖面，强调了员工持股的重要性。华为通过这种方式聚集了大批优秀青年人才，1998 年将市场扩展到中国主要城市，2000年在瑞典首都设立研发中心，海外市场销售额达到 1 亿美元。

虚拟股票期权计划

1998 年，华为高层在赴美考察期权激励和员工持股制度时，一种名为虚拟股票的激励制度引起了他们的注意。虚拟股票是指公司授予激励对象一种虚拟的股票，激励对象可以据此享受一定数量的分红权和股票增值收益，但是这种股票不能转让和出售，在离开公司时自动失效。为了与国际管理机制接轨，华为请国际咨询公司为它重新设计了员工持股计划，用规范的虚拟股票取代原来的实体股票。

2001年7月，华为股东大会通过了股票期权计划，推出了《华为技术有限公司虚拟股票期权计划暂行管理办法》，对员工不再配发1元/股的原始股票，而是以员工的责任和贡献为评判标准，发放以公司年末净资产折算价值的期权，让有贡献者都得到相应的回报。新的员工持股计划将员工股权与企业净资产联系在一起，是一种接近实际意义的员工持股安排。持有虚拟股票的员工可以获得一定比例的分红以及虚拟股票对应的公司净资产增值部分，但是不能转让和出售，在离开华为时只能由华为出资回购。另外，员工可以通过选举出来的持股员工代表会行使权力。2019年，华为18万名员工中就有9万多人通过工会持股，一股一票选举115人为持股员工代表，持股员工代表选举出持股员工代表会。持股员工代表会是华为的最高权力机构，对利润分配、增资和董事、监事选举等重大事项进行决策。任正非是持股员工中的一员，也是华为唯一的自然人股东，对特定事项有一票否决权。

推出虚拟股票期权后，对于老员工持有的原始股票，华为与员工签订了股权转换协议，逐步有条件地将原本就不具有表决权的实体股票吸收转化成虚拟股票。以公司年末净资产折算价值的虚拟股票分红，使得员工从持股中获得收益的大头不再是固定的分红，而是虚拟股票所对应的公司净资产的增值部分，增值越多分红越多，这更是给华为员工注入了一剂"强心针"。

危机持股计划

2003 年，华为业务受到"非典"影响，内忧外患下，华为实施了"危机持股计划"。华为近八成的员工都拥有公司股票的购买权，旨在通过大面积惠及股票购买权，向银行申请股权抵押的贷款额度，缓解资金紧张的问题，并且股权向核心员工倾斜，核心员工获得的配股额度远远大于普通员工，以稳定核心员工队伍，共渡难关。员工持股制度从"普惠"向"重点激励"的转变，是因为有差距才能体现出知识、奋斗的价值，才能刺激员工艰苦奋斗，否则又会成为"大锅饭"，失去激励的作用。

与以往不同，这次配股华为采取了"限制股＋虚拟股"的模式。往年积累的配股，即使员工不离开公司，也可以选择每年按一定比例兑现，但是华为对兑现比例进行了限制：一般员工每年兑现的比例最大不超过个人总股本的 1/4，持股较多的核心员工每年可以兑现的比例则不超过个人总股本的 1/10。此次配股还规定了一个 3 年的锁定期，3 年内不允许兑现、转让和抵押。若员工在 3 年之内离开公司，则所配的股票无效。通过"危机持股计划"，华为很好地稳定了核心员工队伍，实现了销售业绩和净利润的猛涨。

饱和配股制

随着老员工手中积累的持股数量越来越大，即使他们不奋斗，依然可以获得可观的分红，而且退休员工在离开公司后仍可选择继续持有股票；而新员工由于进公司时间短，持股数量有限，享受的分配比例反而不高。于是，新老员工的分享比例严重失衡。为了解决这一问题，华为2008年再次对员工持股制度进行了改革，开始实行饱和配股制。实行饱和配股制，即规定了员工的配股上限，不同工作级别匹配不同的持股数量，每个级别达到上限后，就不再参与新的配股。这一规定是对华为内部员工持股结构的一次大规模改造，限制了持股数量较大的老员工参与新的配股，给了新员工更多的机会，分配机制更加公平，缩小了新老员工之间的收入差距，更有利于激励华为的新员工。

TUP：奖励期权计划

随着华为全球布局的不断深化，高薪聘请的海外员工越来越多，但是海外员工却无法参与华为的虚拟受限股。为了激励、留住海外员工，华为推出了时间单位计划（time unit plan，TUP），也就是奖励期权计划，让海外员工也参与到利润分享中。TUP实质上是一种递延奖金计划，华为对TUP的定价方法与虚拟受限股一样。华为基于员工的历史贡献和未来发展前途，授予员工一定的TUP。获得TUP的员工在第一年不享受分红，第二年和第三年分别获取1/3额度、2/3额度的分红，第四年全额获取分红，第五年同时获得全额分红和TUP的增值收益，五年结束后TUP的权益清零，重新开始分配。

与员工持股制度不同的是，TUP不需要员工出资购买，因此

TUP 计划后来也用于激励刚进入华为的国内新员工。这些新加入华为的奋斗者一方面不能立马参与配股，另一方面也没足够的购股资金，TUP 就可以作为过渡，将员工利益与企业利益捆绑起来，在为企业留住人才的同时，也为员工积累了之后配股的购股资金。

华为的员工持股制度通过让员工成为公司的"主人"，共享他们努力奋斗创造的价值，共担风险，将股东的利益与员工的利益紧密地结合起来，持续激励着华为员工不懈奋斗。不仅如此，华为的员工持股制度在助力公司快速聚集大量人才中发挥巨大激励作用的同时，也为公司融得了大量资金，度过了一次又一次寒冬，对华为创造发展奇迹起到了至关重要的作用。

利益分享，以奋斗者为本

什么叫奋斗？华为认为，为客户创造价值的任何微小活动，以及在劳动的准备过程中，为充实提高自己而做的努力，均叫奋斗，否则，再苦再累也不叫奋斗。

华为深知在通信行业，技术更替、产业变化迅速，竞争比传统产业更加激烈，要想在这场死亡竞赛中生存得更久，唯有奋斗。那么，怎样才能使企业不断奋斗呢？这就要依靠坚持为华为奋斗的所有员工。因此，"以奋斗者为本"成为华为的核心价值观之一。

华为领导层懂得人心，更明白"存天理，顺人欲"的道理，不跟员工讲"吃亏是福"，而是十分肯定、强调员工奋斗的价值，从不吝啬对员工奋斗的奖励。2012 年年底，华为的一个竞标团队成功中标一个近 10 亿美元的大项目，攻克了某国多年未拿下的"大粮仓"，华为奖励了该团队 700 万元人民币。没想到的是，在第二年成功签订合同后，华为领导层又提出再奖励该团队 1000 万元，他们认为，在一线奋斗的员工不容易，一定要给大家分好钱。最后，在该团队的推辞下，经过商议，华为将 1000 万元减为 700 万元，又奖励了一次。

在争夺人才上，华为也舍得花钱。任正非在 EMT（executive management team，经营高管团队）《20 分钟》上的讲话中提到，华为要打赢未来的技术与商业战争，就必须创新，创新就必须有世界顶尖的人才。为了从世界各地招收优秀大学生，让这些天才"像泥鳅一样，钻活华为的组织，激活华为的队伍"，华为为这些天才提供了优厚的年薪，有的甚至在读大二时就收到华为发出的录用通知。任正非十分重视引进全球优秀人才，2021 年在接受有关媒体采访时曾说道，"新西伯利亚国立大学的学生连续六年拿到世界计算机竞赛冠军、亚军，但是所有冠军、亚军都被谷歌用高于我们五六倍的工资挖走了。从今年开始，我们要开出比谷歌更高的薪酬挖他们来，在俄罗斯的土地上创新，我们要和谷歌争夺人才"。之所以如此大手笔，是因为华为领导层认为，随着科学技术的飞速发展，人类社会已经进入了一个以知识和技术不断创新为基础的知识经济时代，华为在尝试一种"人才雇用资本"的实验。

在知识经济时代，知识不再是单纯的知识，而是一种具有投入产出效应的、珍贵的"资本"。劳动者尤其是知识劳动者成为企业长期价值创造的第一竞争力。在这样的时代下，资本要主动追求知识、拥抱知识，企业的价值分配也要先于、优于向劳动者倾斜。于是，华为采取了按劳分配和按资分配相结合的方式，并将按劳分配和按资分配的比例大致保持在3：1，即75%是工资、奖金，25%是按股分红，让劳动者获得更多的收入。这样的分配比例体现了华为本质上是肯定奋斗者，鼓励劳动者创造价值，而不是肯定股东，以避免老员工依靠分红获得不菲的待遇而变得懈怠。

"按劳分配"中的劳动要能直接或间接地围绕客户为华为做出贡献，这才是华为所倡导和认可的。《华为基本法》中提到按劳分配要充分拉开差距，分配曲线要保持连续和不出现拐点。对于特别优秀的奋斗者，华为会给予他们高薪待遇作为回报和补偿，向奋斗者倾斜，绝不会让"雷锋"吃亏。这样简单、一元的价值分配激励机制，体现了华为"知本为上"的原则，向社会传达了华为对人才、对知识的渴望，为华为抢到了大批人才，激励他们用知识的力量创造先进的技术和产品，对推动华为成为全球领先的ICT基础设施和智能终端提供商起到了直接的作用。

实践启示：利益分享

回顾华为的发展历程，不难发现华为的"财散人聚"机制有着十分清晰、简单的定义，那就是"以奋斗者为本"。在知识经济时代，培养和保有人才的能力成为企业的核心竞争力。激励机制作为企业人力资源管理的重要组成部分，直接决定了企业能否在人才竞争、市场竞争中脱颖而出，华为就是其中的佼佼者。

多年前，任正非在《一江春水向东流》一文中这样解释员工持股制度的由来："我创建公司时设计了员工持股制度，通过利益分享团结起员工，那时我还不懂期权制度，更不知道西方在这方面很发达，有多种形式的激励机制。仅凭自己过去的人生挫折，感悟到与员工分担责任，分享利益。"100% 由员工持股的制度，让员工与华为成了一个命运共同体，站在主人翁的位置上为公司努力奋斗、创造价值，实现了华为的快速发展，造就了今天的华为。

更为重要的是，华为在价值分配上强调劳动、知识是企业长期价值创造的第一竞争力，并转化为资本这种形式，使劳动、知识对企业的贡献同企业家的管理、资本一样得到认可和报偿，向按劳分配而不是按资分配倾斜，突出了奋斗者而不是股东的价值。华为打破了"平均主义"的分配局面，在普惠的基础上坚定不移地向优秀的奋斗者倾斜，不断地让最有责任心与才能的人进入公司的中间层，兼顾了公平和效率，形成了华为"利益分享，以奋斗者为本"的企业文化。

任正非曾说自己不懂技术，不懂管理，只懂分钱，恰恰是这一"分钱术"，为华为解决了很多问题。华为的分配机制解决了价值创造、价值评价、价值分配等问题。最合理的分配机制是，谁创造价值，谁就享有价值。华为的"财散人聚"机制，通过价值分配撬动了价值创造，充分激发了员工的能力和潜力。同时，华为的狼性文化深刻塑造了华为人坚韧拼搏、永不言败的奋斗精神。

　　未来的竞争将是一条产业链与另一条产业链的竞争，从上游到下游产业链的整体强健，是华为的生存之本。因而，华为将这种"财散人聚"机制从内部延伸到了上下游产业链。华为坚持"企业不能穿上红舞鞋""深淘滩，低作堰"的态度，喊出了"华为只取1%"的口号，与它的客户、供应商共享利益，通过利益分享团结一切可以团结的人，实现共生、共赢。

海康威视的股权激励计划

杭州海康威视数字技术股份有限公司（简称"海康威视"）成立于 2001 年，聚焦于综合安防、大数据服务和智慧业务。成立之初，海康威视就引入了自然人股东，并于 2007 年实施员工持股。由于公司业务快速发展，需要高素质人才，因此 2010 年上市之后海康威视先后实施了五期限制性股票计划，将员工个人所得与公司业绩挂钩，实现了企业效益与员工个人价值共赢。公司进入新发展阶段后，于 2016 年在机器人、汽车电子等创新业务领域推行了核心骨干员工跟投，形成了共创、共享、共担的事业平台，促进了企业和员工的共同发展。

2015 年 5 月 26 日，习近平总书记在视察海康威视时强调："企业持续发展之基、市场制胜之道在于创新，各类企业都要把创新牢牢抓住，不断增加创新研发投入，加强创新平台建设，培养创新人才队伍，促进创新链、产业链、市场需求有机衔接，争当创新驱动发展先行军。"

2019 年，我和同事前往海康威视参观，先后与董事长陈宗年、总经理胡扬忠等公司高管就公司业务、创新发展和机制改革等方面进行了深入交流。海康威视成立后，坚持围绕主业推动创新，将创新融入企业改革发展的各个环节，把创新作为立企之本。公司非常重视人才队伍建设，结合自身不同发展阶段、不同团队特点，灵活开展了不同模式的差异化激励，有效激发了创新人才的活力，对高端领军人才实施"人才资源＋事业平台"的引进模式。海康威视先后推行了员工持股、限制性股票计划、核心骨干员工跟投等激励机制。这些激励机制激发了员工的积极性，逐步形成了科技领军、青年骨干和高水平创新团队集聚的人才高地，海康威视因此得到了快速发展，焕发出强大的创造力。

全球视频监控行业的龙头老大

海康威视成立于 2001 年 11 月 30 日，由浙江海康信息技术股份有限公司（51%）、龚虹嘉（49%）分别出资 255 万元和 245 万元共同设立。公司的前身是在太原的一个研究所，1984 年搬到了杭州，一直秉承"专业、厚实、诚信"的经营理念，践行"成就客户、价值为本、诚信务实、追求卓越"的核心价值观。2010 年 5 月，海康威视成功登陆深交所挂牌上市。海康威视致力于将物联感知、人工智能、大数据技术服务于千行百业，引领智能物联新未来：以全面的感知技术，帮助人、物更好地连接，构筑智能世界的基础；以丰富的智能产品，洞察和满足多样化需求，让智能触手可及；以创新的智能物联应用，建设便捷、高效、安心的智能世界，助力人人享有美好未来。

作为中国安防的龙头企业，海康威视拥有业内领先的自主核心技术和可持续研发能力，提供摄像机/智能球机、光端机、板卡、网络存储、视频综合平台、中心管理软件等安防产品，并为金融、公安、电信、交通、司法、教育、电力、水利、军事等众多领域提供合适的细分产品与专业的解决方案。国际权威机构数据显示，海康威视在 2021 年全球视频安防市场占有率超过 24%，连续 9 年蝉联全球第一。在 2022 年《财富》中国 500 强排行榜上，海康威视位列 165 名，比上一年上升 14 名。

海康威视利用 20 年的时间建立了以杭州为中心，辐射北京、上海、武汉、西安、成都、重庆、石家庄，以及加拿大蒙特利尔、英国伦敦的全球研发中心体系。海康威视的营销及服务网络覆盖全球，截至 2021 年年底，公司在中国大陆设有 32 家省级业务中心、300 多个城市分公司，在港澳台地区及境外国家和地区设立了 66 家分支机构，为全球 150 多个国家和地区的客户提供产品与服务，建立了最大的国内、国际安防营销平台网络，销售产品以自主品牌为主（自主品牌出货量占比 80% 以上）。海康威视提供的产品在北京奥运会、上海世博会、北京 APEC 会议、G20 杭州峰会、北京大兴机场、港珠澳大桥等重大项目中发挥了重要作用。

海康威视的高质量、可持续发展得益于不断完善的体制机制。海康威视成立之初，为有利于公司发展而引入自然人股东。2007年，龚虹嘉将自己所持有的16%股权转让予海康威视当时的管理层与核心团队，实施员工持股。随后，海康威视下属12家公司，除了研究院外均实施了员工持股。海康威视于2012年开始实施股权激励计划，采用的是限制性股票计划，截至目前，海康威视共实施了五期限制性股票计划。2019年，海康威视实行知识产权奖励。公司以知识成果转化奖励形式激励核心团队，将知识成果产权作价金额中的50%以现金形式奖励团队，剩余50%作价入股，由核心团队与外部投资者、中电海康投资平台，共同设立海康智联。2020年，海康威视被列入"科改示范企业"名单。对于员工感兴趣的项目，即便不是他的工作内容，公司可在第一阶段给予一定的资金支持。员工借助公司提供的资金、物质等条件，占用20%的工作时间进行科研。产出成果后，员工与公司共享。

限制性股票计划

海康威视上市后的2012年、2014年、2016年、2018年和2021年先后实施了5期限制性股票计划。限制性股票计划的激励对象主要是基层管理者和核心骨干，授予价格按照授予时公允价值的50%确定。

限制性股票计划是公司将满足奖励条件的员工当成激励对象，授予他们一定股票，但是只有满足解锁条件的员工才能获授和解锁，同时在限制出售期间不能将股票用于转让、担保或还债。由于限制性股票不同于股票期权，当股票价格下降时，持有限制性股票的激励对象会出现亏损。因此，它更具激励性，可让激励对象更积极而努力地工作，为公司带来效益。

随着限制性股票计划的执行，公司业务不断增长，规模扩大，激励对象中核心骨干逐渐增多，高级管理人员占比下降。截至 2022 年 5 月，2012 年、2014 年、2016 年的限制性股票计划已完成行权，2018 年的限制性股票计划已完成第二次解锁。海康威视选择实行五期限制性股票计划，原因有两个：一是为了企业的发展，可让现金留存于企业；二是对激励对象而言，限制性股票可以起到激励作用，促进研发与创新，以及管理水平和公司绩效的提升。

第一期限制性股票计划

2012 年，海康威视第一次实行限制性股票计划，从草案通过到最终方案正式实施，经历了层层审批，包括公司内部的董事会、股东大会、监事会，以及相关监管部门等。同时结合实际问题，海康威视还对方案进行了两次修改与调整，前后历时四个月。董事会在 2012 年 8 月 23 日确定通过最终方案，授予股票上市日期为 2012 年 9 月 13 日。

海康威视此次以定向发行新股的方式向激励对象授予 8 611 611 股限制性股票，授予数量占公司总股本的 0.43%；激励对象为公司高级管理人员（32 人）、中层管理人员（171 人）、核心骨干员工（387 人），共 590 人；本计划在授予日的 24 个月后分三次解锁，解锁期为 36 个月；公司授予激励对象每一股限制性股票的价格为 10.65 元。

第一期授予的限制性股票解锁需满足如下业绩要求：在各批次解锁时点，前一年度净资产收益率不低于 15%、16%、17%，且不低于标杆公司前一年度 75 分位水平；解锁时点前一年度较授予前一年度复合营业收入增长率不低于 30%，且不低于标杆公司同期 75 分位增长率水平。

第二期限制性股票计划

随着公司业务的发展，海康威视为了吸引人才的加入、留住人才决定实施第二期限制性股票计划。这一期比前一期的激励对象范围更广，人数更多。2014 年，海康威视以定向发行新股的方式向激励对象授予 52 910 082 股限制性股票，授予数量占公司总股本的 1.32%；激励对象为公司高级管理人员（10 人）、中层管理人员（17 人）、基层管理人员（738 人）、核心骨干员工（363 人），共 1128 人；本计划在授予日的 24 个月后分三次解锁，解锁期为 36 个月；公司授予激励对象每一股限制性股票的价格为 9.25 元。

第二期授予的限制性股票解锁需满足如下业绩要求：在各批次解锁时点，前一年度净资产收益率不低于 20%，且不低于标杆公司前一年度 75 分位水平；解锁时点前一年度较授予前一年度复合营业收入增长率分别不低于 35%、30%、26%，且不低于标杆公司同期 75 分位增长率水平。

第三期限制性股票计划

为了进一步将员工个人利益和公司利益捆绑在一起，充分调动核心技术人员和骨干人员的积极性，海康威视决定实施第三期限制性股票计划。第三期在前两期的基础上扩大了激励对象的范围，激励强度也比前两期更大。海康威视于 2016 年以定向发行新股的方式向激励对象授予 52 326 858 股限制性股票，授予数量占公司总股本的 0.86%；激励对象为公司高级管理人员（15 人）、中层管理人员（89 人）、基层管理人员（149 人）、核心骨干员工（2683 人），共 2936 人；本计划在授予日的 24 个月后分三次解锁，解锁期为36 个月；公司授予激励对象每一股限制性股票的价格为 12.63 元。

第三期授予的限制性股票解锁需满足如下业绩要求：在各批次解锁时点，前一年度净资产收益率分别不低于 20%，且不低于标杆公司前一年度 75 分位水平；解锁时点前一年度较授予前一年度复合营业收入增长率分别不低于 25%、23%、21%，且不低于标杆公司同期 75 分位增长率水平；在限制性股票锁定期内，解锁时点前一年的经济增加值（economic value added，EVA）需较上一年度有所增长，且高于授予前一年的 EVA。

第四期限制性股票计划

进入高速发展期后，为进一步激发核心领域专业人才的积极性，同时为鼓励内部员工创新创业、拓展新业务，海康威视决定实施第四期限制性股票计划。2018 年，海康威视以定向发行新股的方式向激励对象授予 121 195 458 股限制性股票，授予数量占公司总股本的 1.31%；激励对象为公司高级管理人员（6 人）、中层管理人员（133 人）、基层管理人员（424 人）、核心骨干员工（5532 人），共 6095 人；本计划在授予日的 24 个月后分三次解锁，解锁期为 36 个月；公司授予激励对象每一股限制性股票的价格为16.98 元。

第四期授予的限制性股票解锁需满足如下业绩要求：在各批次解锁时点，前一年度净资产收益率分别不低于 20%，且不低于标杆公司前一年度 75 分位水平；解锁时点前一年度较授予前一年度复合营业收入增长率分别不低于 20%，且不低于标杆公司同期75 分位增长率水平；在限制性股票锁定期内，解锁时点前一年的EVA 需较上一年度有所增长，且高于授予前一年的 EVA。

第五期限制性股票计划

技术创新成为海康威视发展的驱动力，研发投入占比逐年提高，创新人才不断汇聚，公司在众多细分技术领域都有了一定的积累。为保持良好的发展势头，海康威视决定实施第五期限制性股票计划。海康威视于 2021 年以定向发行新股的方式向激励对象授予97 402 605 股限制性股票，授予数量占公司总股本的 1.04%；激励对象为公司高级管理人员（5 人）、中层管理人员（135 人）、基层管理人员（824 人）、核心骨干员工（8774 人），共 9738 人；本计划在授予日的 24 个月后分三次解锁，解锁期为 36 个月；公司授予激励对象每一股限制性股票的价格为 29.71 元。

第五期授予的限制性股票解锁需满足如下业绩要求：在各批次解锁时点，前一年度净资产收益率分别不低于 20%，且不低于标杆公司前一年度 75 分位水平；解锁时点前一年度较授予前一年度复合营业收入增长率不低于 15%，且不低于标杆公司同期 75 分位增长率水平；在限制性股票锁定期内，解锁时点前一年的 EVA 需较上一年度有所增长，且高于授予前一年的 EVA。

从上述五期限制性股票计划来看，激励对象中核心骨干员工的数量最多，且逐年呈上升趋势。可见，海康威视对核心骨干员工的重视，这也在一定程度上体现了股权激励计划的公平公正。解锁条件设置也比较合理，很好地激发了激励对象的积极性，保证了股权激励计划的有效实施。股权激励计划不仅有利于激发员工的潜能，也很好地稳定了海康威视的人才队伍。

海康威视实施的限制性股票计划，有力促进了公司营业收入与净利润的持续稳定增长。2021 年营业收入约 814.2 亿元，同比增长 28.21%；归属于上市公司股东的净利润约 168 亿元，同比增长 25.51%。综合来看，限制性股票计划对创新产品的激励作用明显。在这一机制的保障下，海康威视承受住逆全球化带来的压力，提供的感知技术手段从可见光拓展到毫米波、红外、声波等更广泛的领域，提供的产品从物联感知设备拓展到与人工智能、大数据技术充分融合的智能物联产品、IT 基础产品、平台服务产品、数据服务产品和应用服务产品，从事的领域从综合安防拓展到智能家居、数字化企业、智慧行业和智慧城市。海康威视的技术和产品创新能力得到进一步加强，行业竞争力得到明显提升。

创新业务跟投制度

随着公司不断布局新业务，为了解决公司可持续发展问题，结合自身特点，海康威视在科技创新领域探索了跟投制度。2015 年 9 月，海康威视董事会审议通过《核心员工跟投创新业务管理办法（草案）》；2015 年 10 月，海康威视股东大会审议通过《核心员工跟投创新业务管理办法》（简称《跟投管理办法》），跟投制度正式实施；2016 年，海康威视制定了《核心员工跟投创新业务管理办法实施细则》（简称《实施细则》），对创新业务子公司启动跟投制度。

经过 5 年的实践，海康威视修订了《跟投管理办法》和《实施细则》，增加了对员工持有跟投计划份额和间接持有创新业务子公司的权益进行确权，明确了员工丧失或被取消跟投资格后跟投份额的处理方法、增加管理委员会等。2020 年年底，董事会审议通过修改方案，2021 年 3 月股东大会审议通过，海康威视开启了新一轮的创新业务跟投。通过这些机制改革，海康威视有效拓展了企业发展空间，形成了新的利润增长点。

可实施跟投的业务。 海康威视《跟投管理办法》明确了可实施跟投的业务只有创新业务，并对创新业务进行了规定。创新业务是指投资周期较长，业务发展前景不明朗，具有较高风险和不确定性，但需要进行直接或间接的投资探索，以便公司适时进入新领域的业务，满足公司持续发展需要。投资周期较长、业务发展前景不明朗、具有较高风险和不确定性这三点，是判断能否实施跟投的关键点。为了避免利益输送嫌疑，海康威视进一步规定，其所属企业现有的、已较为成熟的、拥有较高市场份额和竞争优势的业务，不纳入创新业务范围。

跟投人员。海康威视将跟投人员分成两类。一类是由海康威视以及海康威视的全资子公司和创新业务子公司的中高层管理人员与核心骨干员工组成，海康威视称之为 A 计划。另一类是由创新业务子公司核心员工且是全职员工组成，海康威视称之为 B 计划。A 计划员工强制跟投海康威视各类创新业务，B 计划员工非强制参与跟投所在创新业务子公司的创新业务，享有收益权利，不参与管理，也不能决策投资业务。

跟投业务股权架构。对于海康威视投资设立的创新业务子公司，海康威视持有 60% 的股权，员工跟投平台跟投 40% 的股权。跟投员工委托海康威视工会进行投资，海康威视工会委托信托公司设立信托计划，信托公司以信托计划作为出资设立有限合伙企业，有限合伙企业作为跟投平台持有创新业务子公司股权。设立新的创新业务子公司时，由跟投人员出资进入信托计划，信托计划向跟投平台增资，跟投平台向新设立的创新业务子公司出资。

跟投的退出。无论跟投平台是以直接的方式，还是以间接的方式持有创新业务子公司的股权，创新业务子公司的权益原则上只能由公司或子公司的员工持有。海康威视将工作满五周年作为跟投退出的分界时间线。当公司与员工之间的劳动关系解除或终止时，工作满五周年且已经确权的跟投权益可继续持有，未确权的跟投权益转让或退出价按个人取得该部分份额的实际出资额和该部分份额对应投资的创新业务子公司最近一年经审计的净资产的孰高值计算；工作不满五周年的，跟投权益转让或退出价为个人取得该部分份额的实际出资额。同时，海康威视跟投制度还规定了违纪违法、退休、死亡或丧失劳动能力等情形下退出的规则。

两大管理架构。海康威视实施跟投有两大管理架构：一是公司管理架构，二是跟投人管理架构。公司管理架构包括股东大会、董事会以及跟投方案执行管理委员会。股东大会、董事会决定跟投方案和跟投管理办法等重大事项，跟投方案执行管理委员会负责员工跟投方案的执行和日常管理。跟投人管理架构是持有人会议及其下设的管理委员会。持有人会议选举、罢免管理委员会委员并授权管理委员会行使相关权利，管理委员会代表持有人会议履行跟投相关的投资人权利。

截至 2021 年 8 月底，海康威视员工通过有限合伙企业作为持股平台跟投持有 8 家创新业务子公司，注册资本共计 16.3 亿元，跟投人员跟投 40%，共计需要跟投 6.52 亿元。

实践启示：让人力资本参与财富分配

海康威视的股权激励计划具备福利性，为员工提供额外红利，不仅有效地留住了公司的员工，还激发了员工的积极性、创造力，进而提升了员工的工作效率，促进了公司的快速发展。

在实施股权激励计划期间，海康威视的研发人员数量大幅增加。截至 2021 年年底，公司现有员工 52 752 人，其中研发人员和技术服务人员超过 25 352 人，研发投入占全年营业收入的 10.13%，绝对数额在业内名列前茅。从某种程度上讲，公司拥有的知识技能型人员越多，就越能实现更多的创新。作为高科技公司，海康威视非常重视对人才的培养，尤其是技术型人才，这关乎公司的创新能力，而创新能力又在很大程度上决定了公司的未来发展。

作为一种长期激励方式，股权激励有助于完善公司的内部治理。一方面，股权激励需要科学完善的内部治理环境，对股权激励计划的每个环节进行严格执行、监督，以保证股权激励计划的顺利实施；另一方面，股权激励作为激励机制的一部分，既有效激发了员工的工作积极性，又在一定程度上减少了员工为保全自身利益而损害公司利益的行为，也进一步完善了公司的内部治理。

作为高科技企业，创新能力对于海康威视的未来至关重要。近年来，安防监控领域竞争形势加剧，企业面临着巨大的创新压力。在产品同质化的趋势下，如何研发出领先的新技术和有竞争力的新产品，是海康威视必须要考虑的问题。海康威视不断寻找突破，在智能家居、汽车载件、智能存储等方面进行了积极的探索，海康机器人、海康存储以及海康汽车等全新业务已为公司带来了可观的利润。为进一步推进技术创新，海康威视利用股权激励，有效激活企业的创新动力，把企业开发创新业务的愿望内化为员工自身的追求，进一步增强了企业的创新能力和市场竞争力。

海康威视在激励机制方面的探索实践，虽然具有一定的特殊性，但它结合自身行业、区域、发展阶段、竞争态势等特点，通过持续强化正向激励激发人才活力的理念和方式，对致力于改革的企业具有很好的借鉴意义。从海康威视的发展可以看到，无论国企还是民企，都应该照顾到人力资本。事实上，在我国做得好的企业中，人力资本基本上都参与企业财富的分配。不是说员工要分股东的钱，而是说企业把员工所创造的财富分给他们一部分。这就是共享机制所要实现的目标，在初次分配中更好地发挥作用，营造良好的社会环境、积极的内部工作氛围，实现企业的稳健发展。

国资委印发了《关于进一步做好中央企业控股上市公司股权激励工作有关事项的通知》，稳步推进中央企业控股上市公司开展股权激励，为激发企业核心骨干员工的积极性、促进企业的长期稳定发展、提高国有股东价值发挥了积极作用。我国实施股权激励的上市公司越来越多，海康威视为国企提供了"科改示范行动"的有效经验。以改革形成的新体制机制，极大地带动了技术创新，而技术的发展、人才的聚集，又会进一步促进新的改革，从而形成更加灵活高效的体制机制，有助于推动企业实现高质量发展。

西安光机所的"西光模式"

　　中国科学院西安光学精密机械研究所（简称"西安光机所"）创建于 1962 年，是中国科学院在西北地区最大的研究所之一，属于国家高精尖科研院所，主要研究领域包括基础光学、空间光学、光电工程等。过去由于遇到科研人员流失等问题，西安光机所通过一系列体制机制改革打破了传统科研院所技术与市场之间的壁垒，在"拆除围墙、开放办所"的创新理念引领下，逐步形成了"人才＋技术＋服务＋资本"的"西光模式"。西安光机所通过"科研人员持股、技术团队和管理团队持大股"的激励方式，激发科研人员的热情，实现产学研深度融合；通过引进海外创新创业团队和投资孵化硬科技企业，真正让硬科技服务于社会、服务于人民。

　　2015 年 2 月 15 日，习近平总书记在西安光机所视察时讲道："核心技术靠化缘是要不来的，必须靠自力更生。科技人员要树立强烈的创新责任和创新自信。"西安光机所在科技成果转化方面做了有益的探索和尝试。

2020年，我在西安参加陕西国资委相关活动时，专程前往西安光机所进行交流学习。其间，我参观了光电子产业加速器（硬科技社区）、先导院及光机所产业化展厅，以及西安中科创星科技孵化器有限公司、陕西先导技术研究院有限公司等，并与西安光机所副所长谢小平及产业处等各平台企业负责人进行了座谈，探讨了西安光机所的科技成果转化、机制改革等。

谢小平介绍了西安光机所改革探索的历程和改革举措，分享了科技成果产业化的整体工作。作为国家科研院所，西安光机所通过一系列体制机制改革，打破了传统科研院所技术与市场之间的壁垒，实现了以"人"为中心，让企业、科研人员都能在研究所平台上得到良好的发展，为国家创新创业发展做贡献。西安光机所打算继续放大"西光模式"的效应，为地方经济高质量发展增添新助力。

中国光学精密机械研究领域的"国家队"

西安光机所是一个以战略高技术创新与应用基础研究为主的综合性科研基地型研究所。在基础光学领域，它的主要研究方向为瞬态光学和光子学理论与技术；在空间光学领域，它的主要研究方向为高分辨可见光空间信息获取和光学遥感技术、干涉光谱成像理论与技术；在光电工程领域，它的主要研究方向为高速光电信息获取与处理技术、先进光学仪器与水下光学技术。

作为中国光学精密机械研究领域的"国家队"，西安光机所圆满完成了"两弹一星"、载人航天等国家重大战略科研项目的相关任务，为科技创新进步做出突出贡献。近年来，为推动高质量发展，维护国家安全，西安光机所主动担当，积极作为，不断加强基础研究和原始创新，苦下功夫掌握关键核心技术。

西安光机所坚持面向世界科技前沿，面向国家重大需求，面向国民经济主战场，以创新驱动发展，大胆改革科技体制机制，坚持"拆除围墙、开放办所"，率先提出并塑造硬科技双创品牌，打造"众创空间＋孵化器＋加速器"的全链条孵化载体，打通科技成果产业化的"接力棒"体系。通过一系列实践摸索，西安光机所有效提高了科学技术的转移转化效率、速度和产业化质量。

西安光机所创办了专业从事"高新技术产业孵化＋创业投资"的国家级一站式硬科技创业投资孵化平台——中科创星，发起设立了国内第一家专注于硬科技成果产业化的天使基金——"西科天使"基金，创建了国内第一家专注于硬科技的光电产业孵化器，发起创办了专注于硬科技创业者的硬科技创业营，打造了"研究机构＋天使投资＋孵化服务＋创业培训"四位一体的科技创业生态网络体系。

西安光机所在破解科技与经济"两张皮"的痼疾上大胆实践探

索，形成了一系列可推广、可复制的经验，其中，一些创新的理念与方法已被写入《中华人民共和国促进科技成果转化法》，形成了深远的社会影响。西安光机所的创新模式被陕西省命名为"西光模式"，并连续五年写入省政府工作报告。

"三阶段"创新驱动发展

西安光机所通过一系列改革，打破了传统思想的禁锢，改变了传统的科技成果转化模式，通过协同科技创业有效促进了科技成果转化。它的创新发展历程大概可以分为三个阶段。

第一阶段：创新探索期（1999—2005 年）。在此之前，西安光机所长期承担国家重大需求任务，并取得了优异的成绩，多项成果达到国际先进水平。1999 年，西安光机所面临人才流失、科研任务拖拉等问题，时任所长相里斌提出将文化建设放到与科研管理同等位置，并带领全所确定了核心价值观念、组织观念、科研作风、核心理念等内容，构建了创新文化理念体系。此后，西安光机所进一步把院所文化建设提升到创新文化建设的层面，并系统全面地制定创新文化规划，坚持"迎进来"和"走出去"的交流合作模式。这些举措为西安光机所以后的创新发展模式奠定了基础。

第二阶段：创新初步实践期（2006—2011 年）。2006 年，赵卫担任所长。上任初期，面对研究所科研与市场、民生需求脱节的情况，赵卫提出了"拆除围墙、开放办所"的创新理念，号召全所打破思想禁锢，创新体制机制。在完成国家重大科研任务的同时，西安光机所把为企业产品升级换代提供关键技术支撑、引领技术发展方向作为新时期的重要使命。在此期间，西安光机所创办了炬光科技、和其光电等科技企业，鼓励内部科研人员创业并引进优秀人才，在协同科技创业方面进行了有益的探索。2010 年，西安光机所提出了硬科技的概念，即以航空航天、光子芯片、新材料、基因技术、脑科学、人工智能等为代表的高精尖科技，其特点是具有高门槛、难以被复制和模仿，需要 5～10 年的积累才能形成。在这一阶段，西安光机所在科研方面也取得了优异的成绩。

第三阶段：创新成功实践期（2012 年至今）。2012 年 6 月，西安光机所成立了全资的资产管理公司——西科控股。2013 年，西安光机所成立了"西科天使"基金和中科创星孵化器，初步形成"人才 + 技术 + 服务 + 资本"的科技成果转化模式。此后，西安光机所开始成规模地以协同科技创业推动科技成果转化。在此期间，西安光机所以创新驱动发展，建立开放式创新创业平台，整合多方资源协同孵化科技企业，促进科技成果转化，并成功从传统研究所转型为新型研发机构。西安光机所通过一系列科技体制机制改革举措，充分向市场输出了优秀的科技成果，充分调动了科研人员创新创业积极性，孵化了一大批硬科技企业，它的硬科技主要应用于高端装备制造、光子集成芯片、民生健康和军民融合四大产业集群。

聚焦硬科技的"西光模式"

多年来，产学研如何紧密结合一直是困扰科技界和企业界的关键问题。经过长期实践,"人才 + 技术 + 服务 + 资本"的创新创业模式——"西光模式",成为西安光机所探索科研成果转化与体制机制改革的最终选择。该模式有效地促进了科技成果快速转化与产业孵化工作,探索出了"科技 + 金融""科技 + 服务""科技 + 市场""科技 + 社会"的"四融合"机制,形成了"开放办所,股权激励,专业孵化,择机退出"的独具特色的模式。

赵卫回忆称:"过去我们这个院子是封闭的,大门一关干自己的事,和社会也不接触。过去科技经济'两张皮'现象普遍存在,绝大多数科研成果都躺在实验室和学术期刊中'睡大觉'。这样的科研可能会在未来被社会所抛弃,所以改革势在必行"。让技术走出实验室、让成果走向大市场,这一相向而行的"战略孵化"路线是西安光机所体制机制改革的动能与初心。

深化改革,解放思想先行

从国家需求的视角看,西安光机所认为应该推动科技成果向现实生产力转化,解决社会和市场的需求,这是新时期国家科研院所的基本职责。基于此,西安光机所开展了思想的解放和洗礼行动。

一方面,西安光机所拓宽自身功能定位,从围绕纵向任务的传统科研院所转变为既解决国家纵向需求,也解决国家、市场横向需求的新型开放科研院所;打破"关起门来搞研究"的现状,积极面向国民经济主战场,将加快知识扩散的速度、缩短技术转移的周期、提高技术转移的质量作为衡量科研院所对国家实质贡献的重要表现，让科技成果转化为社会财富和增加就业成为科研院所的基本社会职能。

另一方面，重新定义研究所，拆除狭隘封闭的思想围墙，将研究所定义为"全体纳税人的研究所"，向全社会开放、向企业开放，充分释放国家科研院所人才、成果、仪器设备、实验环境等优质科技资源；打破陈旧落后理念桎梏，对于西安光机所在编员工及在西安光机所创新创业的外部人才一视同仁，让国内外优秀人才都可以在西安光机所这个开放"舞台"上创新创业、发挥才能、施展抱负。

创新突破，体制改革为纲

西安光机所通过产学研高端科技成果转化平台，打破"体制内、体制外"人才流通壁垒，破除制约科技成果转化的条条框框，树立起"能者上"的大旗。

一方面，西安光机所鼓励有创业潜力的科研人员带着科研成果"走出去"，坚持"参股不控股，孵化企业但不办企业"，给予企业自主决策经营权，提升市场化决策能力，把原来在"围墙"内有可能束之高阁的技术成果与市场有效结合，孵化出一批中科微精、奇芯光电、和其光电等为代表的硬科技企业。

另一方面，西安光机所建立与国际接轨的人才评价体系，打破束缚人才引进的条条框框，不再完全以学历、论文、报奖等论英雄，考核人才的标准更倾向于科技创新成果的影响与价值。允许企业和创业人才到研究所做科研，在 2016 年中国科学院启动的"大规模光子集成芯片"战略性科技先导专项（B 类）中，西安光机所大胆尝试，与企业共同承担该专项攻关任务，取得了很大成效。其中，重要成果——全球唯一基于硅基改性材料的光子集成平台开发，新材料性能和光子工艺等技术指标达到国际领先水平，形成强大的技术壁垒，其转化的产品已开始供应给国际知名企业。通过产学研融合，西安光机所把过去无法引进的人才顺利引入所里，汇聚了一批专家及高端人才。

创新超越，理论创新引领

西安光机所青年科技工作者米磊博士，在深入剖析科技进步与经济增长关系的基础上，于 2010 年提出硬科技概念，聚焦关键核心技术，并呼吁让技术成果真正转化为经济效益，为我国经济增长提供新的发展视角和理论支撑。十余年来，通过不断深化硬科技研究，西安光机所精准把握科技成果转化大方向，提前布局光电芯片、商业航天、精密制造、生命健康等事关国家安全领域的重大科技成果转化。同时，西安光机所基于对国家关键产业领域、关键环节和关键产品中的关键核心技术深入研究，形成了硬科技技术目录，为硬科技企业培育和科创板硬科技企业上市提供参考。在持续的硬科技研究和实践中，西安光机所形成了"勇担使命、敢为人先、啃硬骨头、十年磨剑"的"硬科技精神"，武装科研人员思想，提升科研人员攻关定力，增强创新精神。当前，西安光机所推动硬科技理念在全国范围内广泛传播，有效引导全社会力量关注和掌握真正能够推动经济发展的关键核心技术，凝聚思想与共识，投入到我国科技创新由跟跑向并跑、领跑迈进的历史征程中。

系统布局，打造雨林生态

西安光机所深入研究科技成果向现实生产力转化的内在演进规律，从顶层设计上将研究所科研活动纳入创新链1～9级全生命周期历程，聚焦科技成果转化4～6级关键要素缺失，开展"补链、强链、延链"行动，搭建硬科技创新创业全生态。西安光机所发起中国第一只硬科技天使投资基金，有效解决科技成果转化"第一桶金"缺失难题；创立中国首个硬科技创业投资孵化平台——中科创星，赋能科研人员创业能力；瞄准国家"卡脖子"技术领域，打造专业化服务平台，满足光电子芯片、商业航天等科技成果转化重大平台需求，提升转化能力和效率；率先布局光电芯片领域专业化共性技术平台——陕西光电子集成先导技术研究院，以"公共平台＋专项基金＋专业服务"的模式，形成光电子芯片研发中试能力和专业化园区服务体系；前瞻布局商业航天基础设施，探索关键核心技术攻关新型举国体制，通过国有与民营协同攻关机制设计，将政府"有形的手"和市场"无形的手"、国家科研院所科研优势与市场主体灵活体制人才优势有机融合，从源头上真正实现优势互补、协同攻关，搭建起政产学研各主体深度融合的创新生态；建设硬科技园区，打造契合硬科技企业成长规律的空间。

通过上述系统布局，西安光机所搭建起了"研究机构＋天使投资＋孵化服务＋创业培训"的硬科技创新创业雨林生态体系，有效降低了创新创业的风险和成本，提高了硬科技创业的成功率，大幅缩减了创业周期，架起创新链到产业链"死亡之谷"的桥梁，有效打通"两链"双向流动通道。西安光机所构建的是类似"热带雨林"的新模式，在转化科研成果时，更强调"雨水""土壤""空气""生物"的多样性，尽力给科研工作者提供良好的创业环境，让其自由生长。

实践启示：硬科技衍生孵化

硬科技需要长期的研发投入和持续的积累迭代，具有极高的技术门槛和技术壁垒，难以复制和模仿，对人类社会产生深远而广泛的影响。西安光机所之所以能在科技成果产业化创新方面有所建树，依靠的是机制。通过"西光模式"激发科研人员的热情，解放思想，充分发挥科研院所的优势。西安光机所明确提出，孵化硬科技企业不是为了单纯的财务回报，实现投资收益只能是目的之一，更重要的是通过体制机制改革探索，在高投入、高风险的前沿关键技术领域，实现产学研深度融合，引进更多高端人才，带动科研机构、新兴学科发展，真正让硬科技服务于社会、服务于人民。

西安光机所甘做衍生企业孵化者，不做衍生企业创办人。硬科技成果的衍生孵化模式之所以能在西安光机所得到有效实施，关键在于西安光机所建立的一整套与之相匹配的创新友好生态体系。一方面，西安光机所支持、鼓励科研人员在科技成果转化中持股，科研人员与投资方的股份比例完全按照市场价值分配，而不进行行政干预。另一方面，西安光机所建立了"择机退出"制度，对自身所持股权坚持不追求投资回报的"最高点"，退出后的溢价收益用于支持更多的新项目。鼓励持股与择机退出的有效组合，让西安光机所一直处在不断创新孵化的激活状态中，既不与市场化企业争利，也不与科研人员争利，最大限度地激发和保障科研人员长期投身硬科技成果转化的内在动力，释放市场机制驱动硬科技成果转化的巨大潜力。

"寓监管于服务"。在衍生企业管理上，西安光机所强调规范公司治理结构，坚持"帮忙不添乱""到位不越位"，坚持让创业团队持大股，给予创业团队最大的自主权。西安光机所通过"科研人员持股、技术团队和管理团队持大股"的激励方式，把科技成果转化的权责利捆绑在一起，最终实现按照市场需求部署研发计划，彻底跳出了科研院所硬科技成果转化的传统套路。

优化对"人"和"财"的管理。在"人"的方面，西安光机所既鼓励有创业潜力的科研人才带着硬科技成果走出"围墙"，把原来束之高阁的硬科技成果充分融入市场机制，又主动拆除体制"围墙"，鼓励更多有才能的人依托自身创新平台发挥所长、有所作为。在"财"的方面，西安光机所采取市场化运营的方式，形成了"研究所—资产公司—孵化器—天使基金"的创新资金生态体系，有效解决硬科技成果转化初期、中期面临的巨大资金问题。

小米的"弹性薪酬制度"

小米科技有限责任公司（简称"小米"）是一家专注于智能硬件和电子产品研发的全球化移动互联网企业，也是一家创新型科技企业。小米成立于 2010 年，由于快速发展的初创时期面临很多不确定性，因此它实行了"弹性薪酬制度"，增强员工创新活力，达到留心留人的目的。小米根植于制造业，坚持用互联网赋能制造业，做"制造的制造"；遵循"技术为本、性价比为纲、做最酷的产品"这三大铁律，以客户为中心，始终坚持做"感动人心、价格厚道"的好产品；打造小米生态链，让全球每个人都能享受科技带来的美好生活。2021 年，小米营业收入达到 3283 亿元，全球各主要市场表现优异。

2021 年，我和中国上市公司协会的同事赴小米调研，参观了公司的产品展厅，详细了解了公司经营发展情况，并与小米创始人、董事长雷军就公司的战略选择、商业模式、产品理念、激励机制等方面进行了深入交流。小米遵循"技术为本、性价比为纲、做最酷的产品"这三大铁律，倡导"让用户参与、让用户爽"，以客户为中心，追求产品细节的精益求精与生态链中的企业共赢，给我们留下了深刻的印象。

用互联网思维做企业

说到小米，大家首先想到的是雷军。2012 年 12 月 1 日，在国家游泳中心（又称"水立方"）举行的"年度华人经济领袖盛典"上，我和雷军均获得 2012 年度华人经济领袖奖。当时，我跟雷军还不是很熟悉，小米成立不久，公司营业收入只有 70 亿元左右。2020 年，我再碰到他的时候，小米的营业收入已经突破了 2000 亿元。雷军是给我留下深刻印象的"创业榜样"，他的创业故事让我很感动。

小米成立于 2010 年，2018 年 7 月 9 日在香港证券交易所主板挂牌上市。自 2019 年首次进入《财富》世界 500 强榜单以来，小米 4 年间在世界 500 强企业中的排名提升超过 200 位，2022 年排在第 266 位，也是近 4 年排位上升最快的中国科技公司。

"为发烧而生"是小米的产品概念。小米用极客精神做产品，主要产品有智能手机、互联网电视和智能家居等，它在中国能长期维持比较稳定的市场占有率，与"让每个人都能享受科技的乐趣"的企业初衷有很大关系。另外，小米开创了互联网模式，把产品销售中的中间环节去掉，在确保产品高品质的同时，把更多的实惠留给消费者。

小米是一家有远大理想的企业，以"和用户交朋友，做用户心中最酷的公司"为愿景；以"始终坚持做'感动人心、价格厚道'的好产品，让全球每个人都能享受科技带来的美好生活"为使命；核心价值观是"真诚、热爱"，真诚就是不欺人也不自欺，热爱就是全心投入并享受其中。小米不与已存在的智能手机抢客户，而是通过服务与销售软件的形式盈利，避免在市场占有率上的直接碰撞，利用自身较低的价格赢得客户，获取利润。

今天，小米已经建成全球最大的消费类物联网（internet of things，IOT）平台，连接超过 1 亿台智能设备，进入全球 100 多个国家和地区。根据财报，截至 2022 年 3 月 31 日，小米系投资的公司超过 400 家，覆盖智能硬件、生活消费用品、教育、游戏、社交网络、文化娱乐、医疗健康、汽车交通、金融等领域。

弹性薪酬制度

小米对员工承诺，公司没有严格的等级制度，每个人都是小米的主人翁，都要从工作中获得满足感和成就感。早在 2011 年 5 月 5 日，也就是小米创立后的第二年，公司就以书面决议通过了企业人员的股权激励方案。小米股权激励计划所涉及的激励对象有：董事会成员、员工、顾问等。截至 2021 年年末，小米员工数为 3 万余人，人才招聘和培养显然成为小米走向伟大公司路上的一大工作重点。

在小米，员工对股票和现金之间的弹性薪酬，拥有自我调配权。创立之初，小米就采取了"全额现金工资""70%工资＋股票""生活费＋股票"的弹性薪酬制度。其中，15%的员工选择"全额现金工资"模式，15%的员工选择"生活费＋股票"的模式，剩下70%的员工则选择了"70%工资＋股票"的模式。选择前两种薪酬模式是因为小米处于创业初期，薪资较高，但随着小米的市场估值越来越高，这些员工的月均工资则要低于选择"低工资＋多股票"的同事了。

小米的弹性薪酬制度能给员工带来公平感，是因为公司有一套规则。这套规则既不存在偏袒，也不存在隐瞒，是所有员工都知道的。好的薪酬制度，应该起到这样一种效果，无论是拿到股票的激励对象，还是没有拿到股票的普通员工，在企业所制定的规则面前，都会觉得公平合理。

股权激励计划设计

小米联合创始人黎万强曾提到，很多公司只跟合伙人、员工说有期权，而且都是到了临近上市的时候，才告诉他们期权是多少。而雷军一开始就对合伙人、核心员工讲明白了，把很多事情都摆到台面上。今天人才竞争异常激烈，没有足够的利益驱动，纯粹讲兄弟感情的话，其实关系很难维持长久。

购股权

与股票期权类似，小米赋予了激励对象在一定期限内以当初共同约定好的价格买入小米股票的权利。

受限制股份：与限制性股票计划相类似，小米直接把一定数量的股份给激励对象，方式可以是出售也可以是赠予。但是，这类股份不可以转让或用于抵押。激励对象只有为小米工作的年限达到要求或目标达成，这类股份才会解锁。

受限制股份单位：与虚拟股票相类似，小米授予激励对象股份单位。当激励对象按照事先约定完成了特定项目或达到业绩要求的时候，小米就会用现金回购被激励对象手中的股份单位，或者直接给予一定数量的股份。

同股不同权

小米在香港交易及结算所有限公司（简称"港交所"）采取的是"同股不同权"的上市方式，因此，股票的来源有两种：一种为A股，也就是普通股，可在股票交易市场中进行流通，每股与期权的比例为1∶1；另一种则为B股，流通性不高，因为这类股票每股与期权的比例为1∶10，并且只由特定股东持有。用于股权激励的股票均来自A股。

全员参与

股权激励的一个重要作用是缓解企业的现金流压力，但对小米而言，初期自愿选择接受股权激励的员工出资进行投资的总额并不足以使得小米完成新一轮的融资。作为小米的"一把手"，雷军也不缺这个数额的投资，最早接受股权激励的50多位合伙人也是一样的。但是，小米需要这些合伙人能为企业带来的责任心以及共同发展的参与感。因此，小米股权激励对象为企业全体人员，而最终由员工自行选择是否接受股权激励。小米股权激励的入选条件是有责任心、有忠诚度、愿意为小米付出、甘愿和小米一同成长的员工。

2021年7月，小米曾两次给员工授予股票奖励。第一次是7月2日，小米宣布向集团3904名员工授予总计7023万股的股票。集团优秀青年工程师、应届生和团队核心岗位的优秀员工以及获得年度技术大奖的优秀工程师都获得了相应的股权激励。该项奖励售出日的股票收盘价为26.2港元，股票合计价值为18.4亿港元，平均每人47万港元，此奖励将分五年解锁。第二次是7月6日，小米宣布向公司技术专家、中高层管理者和"新十年创业者计划"入选人士等122人授予总计1.2亿股的股票。

2022年3月23日，小米根据股份奖励计划将共约1.75亿股的股份授予4931名选定参与者。这是小米创立以来面向员工的规模最大的单次股权激励。以授出奖励日的股票收盘价14.78港元计算，此次员工股权激励价值约25.87亿港元，折合人民币21.07亿元，这意味着平均每人能获得42.73万元人民币。选定股权激励者为包含"新十年创业者计划"第二期入选人士在内的优秀员工，其中 4929 名选定参与者为非关联承授人，另两名选定参与者则为关联承授人。截至上述股份奖励计划，小米已累计授出 6.78 亿股的股份。这些奖励股份将于 2022 年 3 月 24 日至 2032 年 4 月 1 日陆续归属参与者。此次股权激励有助于小米深度绑定股东与核心员工利益，打造一支认同公司愿景的核心团队，从而助力公司的长期发展。

小米让员工认识到了股权的"价值相比于比例更为重要""未来价值相比于当下价值更为重要"。大部分员工都知道自己所占的股权比例越大，可能拥有的收益就越高。小米在进行股权激励的时候，了解到员工们难以判断公司的市值，于是对员工进行了股票价值的认知引导——价值相比于比例更为重要。股权可以激励员工达到未来的期许，也是让员工为了公司的更好发展而竭尽全力的有效手段。因此，小米还对员工做出了公司"未来价值相比于当下价值更为重要"的引导。被激励对象参与了投资，就会把企业当成自己的家，有一种"一荣俱荣，一损俱损"的归属感。

实践启示：留人先留心

每个员工都应该是小米的主人。高新技术企业的发展，既离不开大量的资金投入，也离不开懂技术的高科技人才，相比较而言，人才更重要。人才是高新技术企业的核心竞争力之一，留住优秀人才对企业成长来说非常关键。如何有效留住优秀人才，是各高新技术企业都要面临的严峻问题。在创立之初，小米就有清晰的股权战略，正如雷军所言，"一个人可能走得快，一群人才能走得远"。小米聚拢了一批高精尖人才，不仅留住了这些人，还留住了他们的心，这要归功于它的股权激励计划。

小米提供了全面而丰富的制度保证。就治理价值而言，由于小米采取了股权激励，因此"企业股权""产品价值""人力资源价值""治理结构"被有机地联合起来，形成了一个"闭环"。就内部治理结构而言，由于小米采取了股权激励，管理人员、技术人员等相继成为公司的股东，因此获得进入股东会参会的资格。这种既是委托人又是代理人的双重身份，较好地解决了员工利益与股东利益不一致的问题，让所有持股员工关注公司治理和小米的长远发展。高新技术企业前期需要大量的投入，采用股权激励的弹性薪酬模式，可以节约大量现金，有效缓解自身资金压力。

让团队始终保持创业的状态。"持续不断地发掘、引进和培养人才，组建有能力、有抱负、有冲劲、有担当的人才梯队，是我们事业能够永续发展的根本。"这是雷军在公布"新十年创业者计划"时留下的话，也是小米持续丰富、优化激励体系的根本目的，与小米的未来发展战略密不可分。在有效的股权激励计划下，持股员工的个人利益与公司利益已经趋于一致，除了因股权而获得不菲的收入外，持股员工还对自己所在的企业产生了一种归属感。

让创新融入企业文化中。高新技术企业的典型特点是高创新性和高技术人员依赖性。高新技术企业需要不停地自我革新，才能更好地抵抗来自市场的竞争压力。小米推出股权激励计划，有利于增强高技术人员的创新动力。注重创新是高新技术企业的特质，但更应该把它融入企业文化中。要提升高技术人员的自我创新意识，就应该让他们感到自身和企业发展是一体的，为企业创新就等于为自己创新。

万科的事业合伙人制度

万科企业股份有限公司（简称"万科"）是伴随着我国改革开放发展起来的知名房地产企业。公司成立于1984年，经过30余年的发展，已成为国内领先的城乡建设与生活服务商，业务聚焦全国经济最具活力的三大经济圈及中西部重点城市。由于曾面临资本回报增长乏力等问题，因此万科深入推行事业合伙人机制，以"共识、共创、共担、共享"为基本理念，将资本、知识、劳动及企业家精神有机结合，通过制度创新更广泛地调动员工的积极性。万科追求"有利润的增长，有现金流的利润"，稳健经营，致力于为最广大的利益相关者创造更长远的真实价值，为现代企业制度的创新升级提供实践样本。

　　我和万科创始人王石很早就认识，记得我当时还在北新建材工作，他来公司与我一起交流。王石曾讲过："自来深圳那一天我就想，如果能掌管一家企业，就要给年轻人提供充分发挥聪明才智的机会，不要像我一样经历委曲求全、十年媳妇熬成婆；要尊重年轻人的选择，机会均等，尊重个人隐私。改革开放中的中国人应该享有有尊严、荣誉、责任、理想的工作生活。"如今，万科在董事会主席郁亮的带领下，始终坚持为普通人提供好产品、好服务，通过自身努力，为满足人民对美好生活的各方面需求，做出力所能及的贡献。万科坚持"为普通人盖好房子，盖有人用的房子"，坚持"大道当然，合伙奋斗"，以"人民的美好生活需要"为中心，以现金流为基础，持续创造真实价值，力争成为无愧于伟大新时代的好企业。

　　2020年，作为"混合所有制理论和实践研究"课题组的成员，我与郁亮在线上就万科混合所有制的由来、发展历程、核心经营思路、企业文化的传承等问题进行了交流。郁亮分享了万科历史上的三次混合所有制改革做法，还讲到深圳市地铁集团有限公司（简称"深铁集团"）作为大股东对万科的"四个支持"，即支持万科的混合所有制结构，支持万科的城乡建设与生活服务商战略，支持万科的事业合伙人机制，支持万科管理团队按照既定战略目标实施运营和管理。同时，他也介绍了万科如何在股东支持下进行制度建设，激励团队长期创造卓越业绩、劣后担当责任，最终赢得股东信任。万科混合所有制改革成效显著，为大家研究"宜参则参"提供了非常好的案例。2021 年，我去深圳出差期间专程走访了万科，围绕房地产行业周期、现金流管理、公司治理等方面与郁亮进行了深入交谈。他提出企业要追求"有利润的增长，有现金流的利润"。万科很早就看到了房地产的周期性，明白坚持活着很重要，2017 年就开始捂紧钱袋子稳健地经营。

从改制到机制

万科的前身为 1984 年 5 月成立的现代科教仪器展销中心，于 1987 年更名为"深圳现代科仪中心"，1988 年更名为"深圳现代企业有限公司"，并于年末改制为"深圳市万科企业股份有限公司"，1993 年更名为"万科企业股份有限公司"。经历了 30 多年的发展历程，万科现已成为国内房地产行业的龙头企业，核心业务主要是住宅开发、物业服务、租赁住宅。

1988 年，经深圳市人民政府批准，同意万科进行股份制改革。改制后的初始股本总额为 41 332 680 股，由深圳现代企业有限公司净资产折股及公开发售股票两部分组成，公司公开向社会发售的股票共计 2808.8 万股，募集 2808.8 万元。发行完成后，公司的国有股占比 19.23%，企业股占比 12.82%，境内公众股占比 43.83%，境外法人股占比 24.12%。

1991 年 1 月，万科 A 股在深交所成功上市。1993 年 5 月，万科 B 股在 A 股上市两年后也成功挂牌深交所。2014 年 6 月，万科 B 股以介绍方式转换上市地，在香港联交所 H 股上市。万科不断地适应市场变化，调整自身的运营方式。2017 年，深铁集团先后受让华润集团和恒大集团所持万科股权，转让完成后，深铁集团持有万科 29.38% 的股权，成为万科的第一大股东。

从完成改制开始，国有股占万科总股本的比例始终不超过30%。其中，1988 年至 1999 年，国有股持股比例从 19.23% 逐步下降至 9.64%；2000 年至 2017 年 6 月，国有股持股比例约为15%；2017 年 6 月至今，国有股持股比例维持在 28% 左右。同时，除 2015 年 7 月至 2017 年 7 月这一期间，因遭遇二级市场恶意收购之外，万科一直保持没有控股股东，但第一大股东为国资的混合所有制架构。截至 2022 年，万科不存在控股股东及实际控制人，公司第一大股东是深铁集团。

万科是我国房地产行业的领头企业，也是我国最早实施股权激励计划的上市公司之一，在实践中不断探索符合市场经济和企业自身经营状况的股权激励方案。万科 2006 年推出限制性股票，2011年推出期权激励计划，2014 年推出事业合伙人制度。

经济利润奖金制度

2008 年，万科一跃成为全球最大的住宅企业。而正是在这一年，一个数字刺痛了万科管理团队。万科的净资产收益率（ROE）降到了 12.65%，略高于社会平均股权回报水平。这意味着，如果用经济附加值（EVA）来衡量的话，万科这一年几乎没为股东创造真实价值。

2010 年 10 月 21 日，万科董事会通过了《关于完善整体薪酬体系的议案》。议案的主要内容是调低销售奖、年终奖的计提比例，同时将砍掉的这部分奖金用经济利润奖金替代。以 A 股上市公司的平均 ROE 为及格线，公司利润超过上市公司平均 ROE 的部分为经济利润，按 10% 提取经济利润奖金，鼓励创造更高的 ROE。新旧奖金制度转换的基本思路是，如果万科的 ROE 达不到优秀水平，那么在新的奖金制度下，万科管理团队获得的奖金将低于旧奖金制度下的奖金。

经济利润奖金提取后需要封闭运作三年。若公司某年 ROE 低于上市公司平均水平，则当年经济利润奖金为负，需要从此前三年提取的经济利润奖金中相应扣除。经济利润奖金的递延发放机制，可以约束和引导管理团队及骨干员工更加关注公司的长期健康发展。

事业合伙人制度

沃尔玛创始人山姆·沃尔顿说过："你如果希望企业员工发挥出超乎想象的能力和潜质，那么就必须把他们变成自己的合伙人。"一方面，公司释放一些股权，某种程度上意味着合伙人队伍就扩大了，员工愿意为公司尽力的"付出值"也会高一些。另一方面，员工有了股权，也就是与企业进行了深度捆绑，一荣俱荣、一损俱损。

2014 年，万科推出事业合伙人制度，以打造更加扁平高效的组织架构，进一步激发经营管理团队的主人翁意识、工作热情和创造力，强化经营管理团队与股东之间同舟共济、共创共享的关系。在事业合伙人制度下，合伙人、管理团队、骨干员工与股东的利益是一致的，损害股东的利益就是损害自己的利益、损害集体的利益。目前，万科的事业合伙人制度主要包括以下几个方面。

事业合伙人持股计划

万科事业合伙人持股计划是经济利润奖金制度的延续和迭代。2014 年，万科的 ROE 达到 1993 年以来的历史高位。但与业绩增长形成鲜明对比的是股市的持续低迷，2014 年 2 月，万科 A 股价格一度跌至 2010 年中期以来的最低点。尽管时任公司总裁郁亮年初以自己 2013 年的全年收入购买了万科股票，但投资者仍希望万科管理团队能有更大力度的增持行为，更加重视股价，把管理团队利益和股价更紧密地结合在一起。

为了响应投资者和股东呼声、提振市场信心，同时鉴于 B 股转 H 股工作的重要意义，万科的经济利润奖金奖励对象从公司的整体利益出发，一致同意将递延的集体奖金加上杠杆，在二级市场买入公司 A 股。截至 2020 年，万科经济利润奖金奖励对象持有 560 934 818 股万科 A 股，占公司总股本的 4.8%。

项目跟投

2014 年开始，对于万科所有新的即售项目，员工必须跟投，并以自身收益担当劣后风险。若项目内部收益率（IRR）不高于加权平均资本成本（WACC），员工不得分配跟投收益。原则上，项目所在区域及一线公司管理层和该项目管理人员为项目必须跟投人员，公司董事、监事、高级管理人员以外的其他员工可自愿参与投资。员工跟投份额不超过项目资金峰值的 10%。跟投机制使公司规避激进拿地的风险，加快项目资金周转，降低成本，促进销售，将员工利益和公司利益紧密捆绑。

劣后担当

无论经济利润奖金制度还是项目跟投，均是按劣后担当进行方案设计，同时在高管薪酬方案中也体现了劣后特性。目前，万科董事会主席和总裁年度即时现金薪酬总额与公司实现的净利润增长幅度挂钩。以 15% 为净利润增长率的及格基准线，净利润增长率超过 15% 时，年度即时现金薪酬总额方可增长；净利润下滑时，年度即时现金薪酬总额同比例下降。

考核指标设计

万科追求"有利润的增长，有现金流的利润"。万科的考核指标体系，以真实价值创造为依据，追求公司效益和组织效率的持续提升。

一是公司效益。就公司效益而言，万科主要关注回款率、全面摊薄的净资产收益率和占用资源回报率三个指标。在回款率方面，以现金流为基础，回款是核心要素之一，回款效率的高低直接反映出公司效益。在全面摊薄的净资产收益率方面，从外部视角来看，公司整体 ROE 反映了企业对股东的回报水平。万科始终通过追求高 ROE 不断为股东创造价值。在占用资源回报率方面，从内部视角来看，万科通过占用资源回报率来衡量业务单位的经营效益。占用资源是指业务单位经营过程中对投入资金的占用情况，鼓励合理的占用，持续创造利润。

二是组织效率。就组织效率而言，由于人均效能指标容易受到编内人数和编外人数配比的影响，不能反映组织内人工成本和利润创造的真实关系，因此，万科主要关注元均效能以及元均效能改善率。元均效能是指通过单位人工成本的利润贡献水平来衡量组织的效率。在机制方面，万科以现代公司治理结构和混合所有制为体制基础，推进职业经理人制度向事业合伙人机制的再升级，打造同心同路、合伙奋斗的事业合伙人队伍，共同拥抱新时代的机遇与挑战。

实践启示：与员工共同成就

2014 年实施的事业合伙人制度改善了万科的经营状况，所采取的股权激励措施也带来了积极效果。这项制度不仅增强了万科的盈利能力，使企业利润逐年上涨，也吸引了一批优秀人才，减少了人才流失的现象，客户满意度提升，市场规模扩大，还对万科股票市值的提升起到了积极作用。2021 年，万科实现合同销售面积3807.8 万平方米，合同销售金额 6277.8 亿元；公司实现营业收入4528 亿元，同比增长 8%；归属于上市公司股东的净利润 225 亿元。

事业合伙人制度的激励对象范围广泛。就员工激励而言，万科的事业合伙人制度对管理层主要采取持股计划，使管理层与公司共享经营收益、共担经营风险；对基层员工主要采用项目跟投计划，使员工积极参与公司的具体项目，将公司经营成果与员工进行捆绑。万科的事业合伙人制度不仅涉及管理层架构，还兼顾基层项目实施，具有全方位、多层次的效果。此外，万科还试图将事业合伙人制度发展成为供应商层面的合伙人机制，以增强自身的市场竞争力。

对房地产企业来说，企业的经营和发展需要大量的人才。一项好的激励制度能为企业吸引和留住优秀人才，万科在 2014 年实施事业合伙人制度之后，员工规模呈现高速上涨态势。从企业角度看，这是由业务拓展、需求增加、招聘力度加大引起的；而从员工角度来看，这则表明了事业合伙人制度对员工具有一定的吸引力，员工对万科的发展前景抱有积极的心态，愿意在万科奉献自己的价值。

总之，万科的事业合伙人制度有自身鲜明的特点：

- 在文化上，继承"大道当然"的文化品格，发展"合伙奋斗"的事业合伙人文化，以共识、共创、共担、共享的基本理念原则牵引思维、行为与机制的持续创新。
- 在组织上，全面重构，以战略方向、文化导向和事业合伙人机制为主线，打造矢量组织、冠军组织和韧性组织。

- 在人才上，打造奋斗为本、劣后担当、持续创造真实价值的事业合伙人队伍，通过凝聚和激发广大奋斗者来推动事业不断发展，通过事业的发展来实现人的全面价值和共同成就。

中国联合水泥的超额利润分享

中国联合水泥集团有限公司（简称"中国联合水泥"）于1999年成立，是中国建材基础材料发展的摇篮。它成长的每一步，都踩着时代的鼓点，淘汰落后产能、积极实施环保改造、贯彻供给侧结构性改革，在企业经营、管理、改革上不断创新。2017年，我在中国联合水泥调研时强调要创新激励机制，在导入超额利润分享计划上先行先试，为公司高质量发展建立新机制、激发新活力。结合我国水泥行业的发展阶段和公司战略规划，中国联合水泥在所属企业年度经营目标考核方案的基础上，研究制订了超额利润分享计划，极大地调动了员工的积极性。

中国联合水泥从1999年成立时，就担负着完成中国建材转型升级和行业结构调整的重要使命。实现这个历史使命的突破口在哪里？抓手在哪里？我想起了 20 多年前去鲁南水泥厂（鲁南中联水泥有限公司的前身）参加会议，那是我第一次近距离接触和了解水泥厂，目的是想通过调研，和大家探讨集团能否大规模开展水泥业务。当时，我讲了三点：一是鲁南中联水泥有限公司（简称"鲁南中联"）要校正发展方向，通过兼并重组在山东把水泥规模做到3000 万吨以上；二是中国建材要通过上市融资，支持水泥业务发展；三是企业要重视效益，突出价值理念。转眼 20 多年过去了，往事历历在目，我感慨万千。正是从那次会议，我们坚定了进入水泥行业的决心。可以说，中国联合水泥的成立具有特殊的意义，从这家企业开始，水泥业务成为中国建材不可或缺的重要组成部分。在中国水泥行业快速发展的历程中，一定少不了中国联合水泥浓墨重彩的一笔。

与使命相伴，与责任同行

中国联合水泥专注于水泥、商品混凝土、砂石骨料、水泥制品等生产、销售及相关产品研发，经营区域主要包括山东、江苏、河南、河北、安徽、山西、内蒙古、北京等省份。截至 2021 年年底，中国联合水泥拥有全资及控股企业 86 家，水泥年产能 1 亿吨，商品混凝土年产能 2 亿立方米，骨料年产能 1 亿吨，总资产近800 亿元，年营业收入近 480 亿元，员工 2.2 万人。

中国联合水泥的成立与发展，每个阶段都注定与使命相伴，与责任同行。改革开放初期，我国的建材工业比较落后，水泥行业还以湿法窑、立窑等落后产能为主，连一条日产 1000 吨以上的预分解窑都没有。改革开放以后，国家引进先进技术和设备，激活企业发展动能，进一步完善现代工业体系，国家经济得以快速增长，尤其市场经济体系的确立，使得中国水泥行业迎来了快速发展的春天。1999 年成立的中国联合水泥，就站在这个春天的起点上，起到了一个行业在重大转折时期逢山开路、遇水搭桥的先锋队作用。2006 年 3 月，中国建材股份有限公司在香港联交所挂牌上市，中国联合水泥是其上市业务平台中重要的水泥制造业平台。

中国联合水泥从 2007 年开始在成员企业导入混合所有制，主要特点有：对混合所有制企业保持控股地位或保持重大影响，以利于公司战略实施和经营意图实现；以构建市场优势、资源优势、人才优势为导向实施混合所有制改革；专注于主业，在合作方的选择上都是本行业的企业以及行业经营者。

中国联合水泥以联合重组为主要发展方式，契合水泥行业的发展，推动组织结构调整、技术结构调整、转型升级（管理升级、产业升级、绿色生产）、高质量发展。2013 年，公司创造的"基础建材企业转型升级"成果获得国家级企业管理创新成果一等奖。

中国联合水泥秉承中国建材"善用资源、服务建设"的核心理念，以"全球优秀的水泥及混凝土专业服务商"为愿景，倡导"创新、绩效、和谐、责任"的核心价值观，积极建设"创新绩效型、资源节约型、环境友好型、社会责任型"四型企业，致力于为客户提供高品质绿色环保的建材产品。公司坚持以专业化的制造技术、专家化的管理手段确保高品质产品的生产；坚持以完善的市场保障系统、专情化的服务理念对消费者负责；坚持推进低碳化生产经营方式，打造绿色环保产业，履行企业公民的社会责任；坚持在企业良性发展的同时，持续关注员工健康和福利，实现企业与员工共同成长。

激励机制创新

中国联合水泥处于充分竞争的行业，为增强企业竞争力，在成员企业中建立了薪酬激励和超额利润分享主导的多维激励体系。

- 对经理层实施基于年度业绩评价的年薪制度。
- 对企业实施基于年度业绩评价的绩效工资奖励制度。
- 对经理层和企业实施基于净资产收益率比较的超额利润分享制度。
- 对有重大贡献的经理层人员和优秀员工实施企业年金退休奖励计划。
- 对混合所有制企业实施经理层持股制度。
- 对企业实施以效率优先为导向的工资总额管理制度。

薪酬激励制度

中国联合水泥从 2007 年开始实施年度业绩评价制度，并不断丰富完善。公司总部每年与企业经理层签订年度经营责任书，明确经营责任指标和任务，约定考核结果应用规则。考核指标包括盈利指标、运营指标、关键驱动指标和否决指标，将评价结果分为 A、B、C、D、E、F 六个等级，考核结果应用于三个方面。

一是与经理层年薪挂钩，不同考核等级对应不同薪酬系数，薪酬系数区间 [0，2.2]，如考核等级为 F 级的，年度绩效工资为 0。

二是与企业年度绩效奖励金挂钩，如考核等级为 A 级的，企业可以获得工资总额 16% 的奖励金，考核等级为 C 级及以下的，没有绩效奖金。

三是与经理层任职能力评价挂钩，若制度规定年度"双责"考核等级有以下情况之一的所属单位，对其主要负责人采取保留职务限期整改、降级降职、解聘职务等人事措施或对其领导班子进行重组：连续两年考核等级为 E 级的；在连续三年考核中，考核等级均为 D 级的；在连续三年考核中，有两年考核等级为 D 级，一年为 E 级的；年度"双责"考核为 F 级的。

企业年金退休奖励计划

公司年金计划章程明确规定，对于在职期间对企业做出重大贡献的经理层人员，以及在技术领域、管理创新方面做出重大成就的人员，在其退休时，按照规范的决策程序，通过公司公共账户积累向其个人年金账户一次奖励不超过 20 万元的年金。

经理层持股制度

在混合所有制企业，公司优先在合作股东中选拔、使用经理层人员，这些经理层人员在正常享受公司相应激励政策的同时，享有股东收益权。比如南京中联水泥有限公司、南京中联混凝土有限公司等均采用了经理层持股的制度。

通过系统实施激励，2018—2021 年，中国联合水泥创新建立了"水泥＋"商业模式，销售收入年复合增长率达到 15%，净利润复合增长率在 20% 以上，企业资产负债率下降 11 个百分点，员工收入增长 40%。

超额利润分享

对大多数非上市公司而言，激励机制主要采用超额利润分享，这是从税前列支的一种奖励分配制度，把企业新增利润的一部分分给管理层和员工，也就是大家常说的利润提成。这样既确保了公司的利益，也提高了员工的积极性。

超额利润分享计划

超额利润分享计划是指企业综合考虑战略规划、业绩考核指标、历史经营数据和本行业平均利润水平，合理设定目标利润，以企业实际利润超出目标利润的部分作为超额利润，按约定比例从中提取超额利润分享额，分配给激励对象的一种中长期激励方式。其中，目标利润是指企业为特定年度设定的预期利润值。

超额利润分享计划旨在鼓励企业获得超过社会平均水平的净资产收益，并据此对优秀企业和优秀经理层进行激励。超额利润分享计划是年度经营责任目标考核制度的进一步深化，它主要是对从经营效率层面获得的额外利润进行激励分配，而年度经营责任目标考核制度强调管理层对企业基本经营责任的落实。2018 年，中国联合水泥开始实施超额利润分享计划，具体做法如下。

一是合理确定实施范围。分享计划适用于直接创造利润的水泥业务子公司和混凝土子公司。

二是按照"两个不低于"要求确定企业利润目标。按照净资产收益率不低于本行业平均水平、不低于上年度本企业水平的原则确定年度净利润基数。

三是合理确定分享额。以经年终审计后净利润超出目标值的部分，按不同的业态（水泥企业按 15%、混凝土企业按 20%）计提可分享超额利润，实行内部差异化分享。按主要负责人 10%、其他班子成员 10%、员工 80% 的比例分享，企业内部需要配套实施成功分享计划，坚决避免"大锅饭"。

四是实行封顶机制和否决机制。领导班子成员和全体员工分享额最高不超过本人上年度薪酬的 50%，结余部分不予结转。明确否决分享的情形：年度内发生重大安全、质量、环保、稳定等责任事故或事件，被一票否决的。

中国联合水泥推行的超额利润分享计划，将企业完成利润目标后的超出部分按照测定的比例返还企业，用于企业对员工的奖励。中国联合水泥通过这个办法极大地调动了员工的积极性，开通了一条为员工"创富"的成果分享渠道，在改革上也起到了先锋队的作用。

实践启示：让员工参与分红

中国联合水泥始终不忘自己所承载的历史使命：为国家创效益，为员工谋利益。中国联合水泥取得今天的发展成绩，离不开一个使命感强、战斗力强的领导班子，离不开一支守纪律、负责任、花时间、做事情、出业绩、数字化的执行团队，离不开一支热爱企业、顽强拼搏、团结协作、锐意进取的员工队伍。大家不等不靠、敢于担当、主动作为，紧密围绕中央重大决策部署和中国建材战略要求，创造性地开展工作，出色地完成了各项工作任务。与此同时，中国联合水泥倡导快乐工作、幸福生活，注重工作环境改善、员工素质提升、薪酬福利保障、生活质量提高，激发员工自主自发干事创业的干劲，让员工与企业共同成长。

完善考核评价制度。中国联合水泥逐步建立、完善与各级组织机构相适应的制度保障和考核评价制度，以绩效为导向的薪酬制度和员工职业生涯通道等。在经营责任考核评价制度的基础上，中国联合水泥创新企业评价制度，建立了生产经营和党建工作"双责"考核机制，推行企业管理精细化检查和评价制度，完善了企业领导成员年度评议办法，将"四位"评价融为一体，形成对所属单位的综合考评体系，引导企业全面提升党建水平、经营水平和精细管理水平。在薪酬制度上，中国联合水泥建立了基于岗位价值的宽带薪酬制度和基于效率优先的薪酬总额管理制度。

创新激励机制。中国联合水泥制定并实施了《公司所属单位年度超额利润分享计划方案》，让员工能够分享到自己的奋斗成果，增强了员工的认同感、归属感、成就感和荣誉感。在新机制激励下，青州中联水泥有限公司（简称"青州中联"）积极践行中国建材战略要求，提出并实施了以"创建双样板企业"为目标的总体规划，探索性地开展"水泥＋"一体化经营，实现了水泥企业突破掣肘、提质增效的跨越式发展。经过多年的战略创新实践，青州中联由一家单一的水泥生产工厂，变身为一家具备全产业链制造与服务功能的"水泥＋"产业园环保型公司，成为高质量发展的先行者。

中国联合水泥加强管理创新，健全管理制度，以项目化的组织形式，推动企业和员工利润分享机制的进一步深化，并落实到价值创造的各个环节。中国联合水泥不断加强柔性人才培育机制，将内部人才挖掘和外部人才引进相结合，开展职业技能培训，实现员工职业化，特别关注对高潜人才和核心骨干人才的管理与激励，为中国水泥行业培养了大批既有专业技能又有思想觉悟的高素质人才。

海天味业的股权设计

佛山市海天调味食品股份有限公司（简称"海天味业"）是我国专业的调味品生产和营销企业，是中华人民共和国商务部公布的首批"中华老字号"企业之一，属于消费品行业。海天味业于1955年公私合营，组建海天酱油厂，而后一步一步，由小到大，由分散到集中，由区域到全国，由传统的家庭手工作坊转向现代生产智造。多年来，海天味业用现代科学技术对传统酿造工艺进行传承和创新，把再普通不过的调味品做成大生意，把企业做成细分领域的龙头，做成市值千亿级的上市公司。海天味业深知人才是最宝贵的资源，通过员工持股和限制性股票激励计划等留住核心人才，增强了企业的凝聚力，助力企业长远发展。

2020年2月，我实地参观了海天味业，详细了解了海天味业的经营发展情况。海天味业董事长兼总裁庞康对我说，企业做得好靠的是务实、专业、规范，海天味业脚踏实地、心无旁骛地做调味品，把酱油这个产品做到极致。这么多年来，海天味业没去做别的业务，也没赚过热钱、快钱，公司管理层没在公司股价处于高位时减持过。正是因为公司管理层坚定持股，投资者才有信心。

厨房中的"国民品牌"

海天味业是一家具有 300 多年发展历史的中华老字号企业，最早可溯源至清乾隆年间的"佛山古酱园"。20 世纪 50 年代，佛山 25 家声名悠远的古酱园合并重组，新组建了"海天酱油厂"，即海天味业的前身，而后逐步发展成为全国调味品行业的龙头企业和第一品牌。2014 年 2 月，海天味业在上交所主板上市，上市以来，凭借务实稳健的经营理念，公司经营业绩保持稳定增长，在资本市场上拥有良好口碑。公司连续多年入选《财富》中国上市企业 500 强榜单、中国制造业民营企业 500 强榜单。2021 年，中国品牌力指数（China Brand Power Index，C-BPI）榜单发布，海天味业在调味品行业领域勇夺"四冠"。

海天味业一直致力于"传扬美味事业，酿造美满生活"，这是海天味业品牌的使命，也反映了公司的愿景。过去几年，海天味业快速发展，与它独一无二的产品配方有关。我在参观时了解到，海天味业用现代科研技术传承和创新传统酿造工艺，建有面积超过 60 万平方米的玻璃晒池和发酵大罐，专门用于高品质酱油的阳光酿晒，让原料日晒夜露、自然发酵，保证了海天产品品质味道始终如一，为消费者提供安全放心的良心产品。当每个员工都将自己负责的生产工序做到极致，精益求精，产品质量就有了最好标准的保障，这也是海天人对"匠心文化"的最好诠释。

海天味业结合调味品生产工艺特点，利用数字化、智能化技术，打造了公司高集成信息技术平台，构建起覆盖公司全链条业务的纵向贯通、横向集成的信息系统，将智能制造与工业互联网深度融合，突破性地改变了传统产业的生产经营模式，同步带动上下游企业数字化智能化转型，共同构建产业链数字化协同体系，展示了高新技术对传统产业升级改造的现代化企业风貌，规模化、自动化、智能化的生产及现代化管理创新应用，大幅度提高了生产效率与制造质量。

海天味业持续专注产品创新和新产品开发，对投资研发一直是毫不吝啬的，拥有多条世界先进的全自动包装生产线，以及行业先进的实验室，严格地执行质量标准，并从国外引进成套科研检测设备，努力打造具有世界先进水平的调味品生产基地。公司以创新驱动实现企业高质量发展，在全产业链创新过程中坚持以核心技术提升产品竞争力，推进新科研成果的转化落地，促进新产品开发和存量产品质量提升。

海天味业产品安全、美味、品质高，不但畅销国内市场，还销往全球 60 多个国家和地区。公司始终致力于向全球传扬中国美食文化，调出生活百味，提供优质产品，让更多人享受美味的欢乐，让更多家庭感受生活的美满。

管理层坚定持股

正所谓"行行出状元"，最普通不过的酱油，也可以做成大生意，成就社会，成就企业，成就团队和自己。海天味业的发展经历了由小到大，由分散到集中，由区域到全国，由传统的家庭手工作坊到现代生产智造。2001 年海天味业营业收入突破 10 亿元，2009 年营业收入突破 40 亿元，2013 年营业收入突破 80 亿元，2018 年营业收入突破 170 亿元，实现了"五年再造一个海天，营业收入翻一番"的目标。2021 年，海天味业实现营业收入 250.04 亿元，同比增长 9.71%；归属于上市公司股东的净利润 66.71 亿元，同比增长 4.18%。

海天味业是调味品行业内第一家进行改制和采取员工持股的公司。1995 年 8 月，公司由市属全民所有制企业改制为有限责任公司，以 1994 年 2 月底的经营性资产 3841 万元为基数，70% 资产出让给员工，成为企业员工股，认购权限向全部在职正式员工（包括干部、固定工、合同工）开放。认购原则为公司班子成员和部分骨干每人出资 60 万～100 万元，占全体员工出资额的 28%；中层干部等骨干每人出资 6 万元，占全体员工出资额的 17%；一般员工每人出资 2 万元，占全体员工出资额的 53%。员工持股计划充分体现海天味业将利益与员工共享的意愿，股权授予最终有 749 名员工参与认购。1995—2008 年间，海天味业员工持股保持稳定，退股率极低，员工持股比例保持在 70% 以上。员工持股极大激发了公司员工的工作积极性，也提高了他们对公司的忠诚度，这使得公司发展驶入快车道，税后利润由 1994 年的 720 万元增加到 2008 年的 5.8 亿元。

截至 2022 年 9 月 30 日，海天味业的十大流通股东中，持股最多的是广东海天集团股份有限公司，持有 58.26%；另外，公司实际控制人及一致行动人合计持有公司股份数量占公司总股本的比例为 13.957%；散户、机构投资者持有的在外流通股占公司总股本的比例为 27.783%。自海天味业上市以来，公司前五名股东基本上是稳定的。庞康 1982 年加入海天酱油厂，历任副厂长、副经理和总经理等职务，1995 年改制时出资 50 万元，是出资最多的个人股东。截至 2022 年 9 月 30 日，庞康仍为公司的最大自然人股东，从没在股价高位上减持过。这些年在企业的经营发展过程中，庞康一直重视如下几点。

一是务实。海天味业这么多年没去做别的业务，没去做房地产等投资，也没赚过热钱、快钱。

二是专业。海天味业扎扎实实、心无旁骛地做酱油等调味品，做到极致。

三是规范。海天味业按照规范的公司治理运作。虽然海天味业目前是一家民营的上市公司，但是它保留了"双八项规定"等过去那些严格、规范的要求，传承了良好的文化基因。

正是因为公司管理层坚定持股，投资者对公司的发展也更有信心。海天味业一直做得很扎实，凭借务实稳健的经营理念，在资本市场上拥有良好口碑，经营业绩自上市以来保持稳定增长，成为拥有千亿级市值的调料品行业领头企业。

限制性股票激励计划

调味品是人们日常生活中不可缺少的刚性消费品，调味品行业具有市场竞争压力大、市场需求稳定等特点，对人力资本，特别是拥有先进技能和基础技术的专业人才有很高的需求。员工一旦流失，将严重影响企业的技术创新和长远发展。

作为调味品行业的龙头企业，海天味业最宝贵的资源、最大的优势体现为人力资源。海天味业实施限制性股票激励计划的目的：一是需要提高管理团队的执行力，增强在市场中的竞争力，实现公司的价值；二是留住核心技术人员，并吸引越来越多的高尖端人才进入公司，为公司注入新生力量，使公司充满活力和生机，助力公司的创新发展。员工通过限制性股票激励计划，享有公司股权，从而将个人利益与公司效益捆绑在一起，责任感和使命感倍增，工作热情极高，致力于提高品牌的竞争力，并尽可能地进行宣传和维护，为公司的长远发展尽最大努力。

2013年年底以来，海天味业营业收入增长率出现不同程度的下降，这主要是因为调味品行业进入门槛较低，市场上出现了一系列新产品，新产品的出现意味着原有品牌市场份额被挤压，这也是海天味业在 2014 年实施限制性股票激励计划的原因之一。

2014 年 8 月 28 日，海天味业召开董事会通过了首期限制性股票激励计划。上市半年内即决定实施这样的激励计划，海天味业的速度跑赢了不少国内上市公司，充分体现了它坚持与员工共享企业发展红利的魄力和决心。2014 年 9 月 19 日，公司收到监管部门意见，确认公司提交的激励计划草案及相关材料无异议并进行备案，最终确定公司首期限制性股票激励计划于 2014 年 11 月 3 日授权实施。在正式授予激励对象限制性股票时，海天味业总股数为 149 700 万股，授予总股数为 658 万股，授予总股数占公司总股本的 0.44%。

选择合理的激励对象，可以增强企业的凝聚力，减少高素质人才流失，留住企业的核心骨干。海天味业首期限制性股票激励计划对象涵盖技术、营销、生产、工程、管理等 93 名核心人员。人选覆盖多个业务模块，且均是公司经营发展的关键力量，具有直接的代表性和示范效应。

海天味业为它的限制性股票激励计划设置了 56 个月的有效期，这样的时间跨度更适合企业的发展。《上市公司股权激励管理办法》规定，股权激励计划的有效期从首次授予权益日起不得超过 10 年。股权激励政策本身作为一种长期激励计划，设置的有效期过长，会造成激励对象思想上的松懈，减弱对激励计划的兴趣；有效期太短，则不能起到激励作用。设置合理的有效期是海天味业限制性股票激励计划取得良好成效的原因之一。

海天味业限制性股票激励计划设置的解锁条件为：2014年、2015年、2016年、2017年的营业收入与2013年相比，增长比例分别不低于16.8%、34.3%、53.1%、73%；2014年、2015年、2016年、2017年的净利润相对于2013年，增长比例分别不低于24%、50%、77%、107.1%。

第一次顺利解锁。它涉及90名激励对象。其中，已获授限制性股票数量1152万股，本次可解锁限制性股票数量228.67万股，占已获授限制性股票数量的19.85%，占公司总股本的比例为0.08%。

第二个解锁期解锁条件未满足。公司2016年营业收入12.45亿元，较2013年增长比例为48.3%，低于公司限制性股票激励计划规定的解锁条件，因此，未达到第二个解锁期解锁条件。公司因原5名激励对象辞职，对激励对象人数进行调整，公司首期限制性股票激励计划的激励对象人数由90人调整为85人。

第三个解锁期顺利达成。公司2017年营业收入为145.8亿元，较2013年增长73.58%，满足了公司规定的相关解锁条件。2017年公司归属于上市公司股东的净利润及归属于上市公司股东的扣除非经常性损益的净利润为35.31亿元和33.84亿元，都不低于授予日前最近三个会计年度的平均水平且不为负；在限制性股票锁定期内，公司各年度归属于上市公司股东的净利润及归属于上市公司股东的扣除非经常性损益的净利润，都高于授予日前最近三个会计年度的平均水平且不为负。2018 年 9 月 13 日，公司召开了第三届董事会第十一次会议，离职人员所获授尚未解锁的限制性股票以及激励对象经考核未能解锁的权益共计 83 736 股予以回购注销，同时对激励对象人数进行调整，公司首期限制性股票激励计划的激励对象人数由 85 人调整为 83 人，可解除限售的限制性股票数量为 3 482 640 股。

海天味业的首期限制性股票激励计划，遵循以价值为导向的绩效文化，并制定了科学、公正、有效的考核办法，将个人利益与公司目标充分捆绑。首先，将公司层面的业绩考核指标作为基本条件，即"一票否决制"，以各年度公司实现的营业收入和净利润增长为大前提；其次，员工绩效则以个人 KPI 完成情况、责任变化、工作创新等作为影响因子，体现员工的价值贡献。科学的指标设置，充分体现了以公司发展优先、综合员工价值贡献的机制优越性，有利于公司业绩的长期持续发展。

将公司业绩与员工绩效相结合的科学考核体系，极大提振了员工的动力和信心；同时，海天味业在考核执行中坚持公正客观，再次确保了激励机制的落地成效。2016 年，海天味业未达到"营业收入较 2013 年增长比例不低于 53.1% 的"公司业绩指标，这意味着第二个解锁期无法按预期执行。此时，海天味业没有为了业绩考核而进行市场压货，或者采取其他投机行为，而是客观看待当年经营结果，公平公正执行公司的激励计划。这不仅赢得了市场对海天味业的尊重，也用客观的负激励让员工化压力为动力，加倍努力，用拼搏赢得更多可能。

海天味业实施股权激励后净资产收益率开始趋于平稳，稳定在了 32% 左右，甚至出现了继续上升的趋势，这表明海天味业在实施限制性股票激励计划后对自有资金的利用效率较高，较为稳定，公司有较好的盈利能力。在总资产收益率方面，自实施限制性股票激励计划后下降趋势转为缓慢下降，在到达第一个解锁期时开始出现增长，至今一直处于小幅度增长状态。

实践启示：公司发展的"稳定器"

历经多年发展，海天味业的公司管理层拥有成熟的管理经验，以应对实战、经营风险，可以说，管理层是公司最大的财富，公司能够取得今天这样的好成绩与管理层的努力密不可分。

公司管理层的稳定。海天味业实施首期限制性股票激励计划时，公司选出 93 名激励对象；第一个解锁期后，激励对象变更为90 名；第二个解锁期后，激励对象变更为 85 名；第三个解锁期后，激励对象变更为 83 名。在竞争激烈的行业大背景下，海天味业实施限制性股票激励计划后，激励对象人数相对稳定。这说明了限制性股票激励计划产生了明显的效果。在"高薪、高效、高责"的薪酬理念之下，高激励极大激发和提升了管理人员、核心骨干的经营动力，并为吸引和保留优秀人才提供良好的激励平台。

经营绩效的提升。海天味业推出限制性股票激励计划后，公司市值上涨且每股收益大幅提高，公司股东权益得到了较好的保障。每股净资产相比 2015 年也翻了将近一番，每股经营现金流则提高了近三倍。这表明海天味业的行业竞争力得到了很大提升，市场影响力越来越大。近些年，海天味业业绩持续向好，2021 年海天味业总资产为 333.38 亿元，相比 2020 年增长了 38.04 亿元，同比增长 12.88%；净资产为 234.02 亿元，相比 2020 年增长了 33.33 亿元，同比增长 16.61%。

打造公司与员工互促发展的正循环。首期限制性股票激励计划的推出，秉承了海天味业一直以来"企业发展成果与员工共享"的理念。在此激励机制下，员工上下同欲，不断完善公司经营管理，推动了公司的持续健康发展。作为长效的激励机制，限制性股票激励计划促使公司与员工共创共享，建立起荣辱与共的利益联结机制，为公司创造价值的骨干员工，实现了个人财富与公司发展的共同成长。

京东方的多维激励制度

京东方科技集团股份有限公司（简称"京东方"）创立于 1993 年 4 月，是一家为信息交互、人类健康提供智慧端口产品和专业服务的物联网公司。京东方通过集成创新、自主创新，使我国显示产业实现了从无到有、从弱到强，解决了"缺芯少屏"中"屏"的问题。在全球市场竞争背景下，京东方建立多层级工资制度，并且推出股票期权和限制性股票混合激励计划。这些举措对于京东方打造人才优势发挥了积极作用，使京东方在创新方面一直走在前列，尤其在液晶显示面板领域，京东方等中国企业供应量加起来占到全球总供应量的 55%。

2020 年我去调研京东方，先是参观了京东方的展室、创新中心。百闻不如一见，我对京东方有了一个全新的认识，尤其京东方在"屏"方面的发展，对市场的覆盖、技术的进步，包括进入智能物流、医疗健康等领域，这些都非常有特色。之后我与陈炎顺董事长围绕京东方作为一家上市公司是如何发展的，从企业发展战略、公司治理、创新等方面进行了深入的交流。谈及企业经营，我们着重沟通了企业内部机制、上市公司质量如何提高等问题。

从"缺芯少屏"到"缺芯有屏"

京东方的前身为北京电子管厂，成立于1952年，作为国家重点工程之一，是中国著名电子元器件生产厂家。1956年，京东方开始生产集成电路，成为中国第一家能批量生产集成电路的企业。1970年，它生产的集成电路被用于中国第一颗人造卫星。1978年，它生产了中国第一支18英寸彩色显像管。1982年，它开始生产液晶显示屏。1993年4月，在北京电子管厂的基础上，员工自筹650万元种子基金，进行股份制改造，创立北京东方电子集团股份有限公司，注册资金26 158万元。王东升出任董事长兼总裁，带领濒临倒闭的老电子管厂走上"产业报国，强企富民"之路。北京东方电子集团股份有限公司于1997年6月10日在深交所上市，成为北京市第一家B股上市公司，2001年1月12日在深交所增发A股。2001年8月，为适应全球化战略发展的需要，北京东方电子集团股份有限公司正式更名为"京东方科技集团股份有限公司"。

京东方是一家高新技术企业，也是一家为信息交互和人类健康提供智慧端口产品和专业服务的物联网公司，形成了以半导体显示事业为核心，传感器及解决方案、智慧系统创新、智慧医工事业融合发展的航母事业群。京东方不断自主创新生产显示屏，实现了全球规模领先，全球首发产品覆盖率连续四年全球第一。京东方的崛起使中国显示产业做到了从无到有、从弱到强，受到政府和国家的高度重视。

截至 2021 年，京东方累计自主专利申请超过 7 万件，在年度新增专利申请中，发明专利超过 90%，海外专利超过 35%，其中有机发光二极管（organic light-emitting diode，OLED）、传感、人工智能、大数据等领域专利申请占比超过 50%，覆盖美国、欧洲、日本、韩国等多个国家和地区，为其高质量发展及业绩高增长提供强劲动力。世界知识产权组织（WIPO）公布了 2021 年全球国际专利申请排名，中国国际专利申请量继续保持第一，其中京东方以1980 件 PCT 专利申请量位列全球第七，连续 6 年进入全球 PCT专利申请 TOP10 榜单，在展现领先的研发水平和创新实力的同时，成为京东方"屏之物联"战略在技术创新层面的最好诠释。

建立多层级工资制度

京东方所从事的行业是一个全球竞争行业，要求对市场的反应速度非常快，北京市政府意识到京东方所属行业的特殊性，实施了差异化管理。京东方实行职业经理人制度，按照市场化模式管理，取消行政级别、取消干部待遇等，这意味着京东方在整个行政管理体系方面开始市场化运作。

第一，任期制。京东方首先取消所有副总裁（vice president，VP）以上干部的终身制，所有人采取任期制，三年一期，和董事会的任期是一致的。三年任期内企业干部担任什么职务，三年后需要重新聘任的时候，要根据具体经营业绩考核后重新聘任上岗，没有终身制了。

第二，职级工资。职务工资结构全部转化为市场化的工资结构。过去，部长拿部长的工资，副总裁就拿副总裁的工资，现在转换成按职级拿工资，而不是按职务拿工资。

第三，绩效工资。取消职务工资，根据员工在岗位上实现的绩效来确定工资。

第四，绩效股权。从绩效中拿出来一部分作为股权。这里的核心就是如何让干部能上能下、员工能进能出。随着公司的发展，未来会有越来越多的年轻人走上前台，可是没有编制、没有岗位了。京东方制度性地通过考核把一大批年轻人推上去，老员工还没到退休的年龄就让退休或退居二线，没工作了怎么办？解决的办法就是按照职级，过去有功劳、有苦劳的就拿职级工资，退休后不在岗位的，岗位工资也就没了。

为了在深度和广度上提升员工的专业能力与管理能力，提高员工的成才率，京东方为员工搭建了纵向和横向的发展平台。员工可根据公司业务需要及个人发展愿望进行职业发展规划。

在专业技术方面，京东方设立了以推动定岗定编、岗位价值及能力为中心的职级评价专业技术发展通道，通过专业职级晋升，以岗位深度为价值取向，开发与培养各细分领域的专业型人才。为了给员工提供更多的职业发展机会，公司设立了多个序列的职级（职位层级）发展通道，员工可根据自身的岗位、能力、经验，申报相应序列的职级。

在管理方面，京东方通过管理职务与管理职级的晋升，培养专业能力和管理能力兼备的复合型人才。职业发展双通道晋升平台的设计能使员工更好地从自身个性和专业出发选择自己的职业发展路径，确保了所有员工享有晋升和成长的机会，规范、完善了员工职位体系管理，明确了员工的职业发展通道，让员工在不同的岗位、不同的发展阶段都能找到自己的位置，都能明晰自己在不同职级、不同职位上应该具备的条件和价值。

在员工成长机制方面，京东方秉承"人才的培养与发展要优先于企业利润的增长"的人才发展理念，将公司目标的实现与员工个人职业发展愿望的实现有机地统一起来。

混合激励计划

京东方股权激励计划筹备工作于 2020 年年初正式启动，2020年 3 月，京东方被列为股权和分红激励试点企业，作为该年度重点辅导对象；8 月 27 日，公司董事会、监事会审议通过了激励计划具体事项；10 月 30 日，公司收到实际控制人北京电子控股有限责任公司转发的《关于京东方科技集团股份有限公司实施股权激励计划的批复》，公司实施本次激励计划获得同意；11 月 17 日，公司召开 2020 年第二次临时股东大会审议通过了股权激励相关议案，本次激励计划获得股东大会批准，并最终于 12 月 29 日完成授予工作。

公司采用股票期权和限制性股票混合激励方案。本次股权激励计划的股票来源为公司从二级市场回购的本公司人民币 A 股普通股股票。此次计划授予激励对象不超过 2891 人。其中，参与本次股票期权激励的激励对象为公司的经理、高级技术骨干，首次授予人员不超过 2781 人，预留授予人员不超过 110 人。参与本次限制性股票激励的激励对象不超过 793 人，其中，董事会聘任的高级管理人员 12 人，公司内部科学家、副总裁不超过 77 人，高级技术专家、总监不超过 161 人，技术专家、中层管理人员不超过 543 人。

在激励对象选取上，本次计划包含 2781 名管理与技术骨干。其中，研发及工程技术人员占比 64%，营销人员占比 15%，40 岁以下中青年骨干占比 80%，充分体现了向技术和市场、向年轻后备和京东方未来发展倾斜的价值导向，实现了公司、员工、股东多方利益绑定。激励对象包含大批日、韩、美等海外高层次技术专家和人才。授予海外人才股权激励，大幅提升了技术专家和人才的稳定性，有助于国家半导体显示产业竞争力的持续提升。

在激励方案设计上，此次股权激励计划突破了首次股权激励授予额度不超过总股本 1% 的上限，激励额度占总股本比例达到 2.64%，且率先使用股票回购方式解决激励来源。

在业绩指标选取上，创新性地拟定滚动业绩目标，避免行业周期的影响，符合京东方所处行业的基本规律。同时，业绩指标反映了企业战略。行权／解锁指标中清晰明确地提出了未来京东方 AM-OLED（active-matrix organic light-emitting diode，有源矩阵有机发光二极管，也称主动矩阵有机发光二极管）发展目标，以及物联网创新事业的发展方向，符合公司实际战略需要，为京东方发展指明方向。

股权激励计划实施后，员工干劲充足，促使公司业绩倍增。2021 年，在公司营业收入突破千亿元仅 2 年后，全年营业收入首次突破 2000 亿元，达 2193.90 亿元，同比增长 61.85%，归母净利润达 258.20 亿元，同比增长 412.74%，交出了自成立以来最好的年度经营业绩。此外，京东方市场地位持续保持全球领先。据全球市场调研机构 Omdia 发布的 2021 年全球显示市场报告，京东方以 6228 万片出货成绩位居全球液晶电视面板出货第一，已连续 4 年领跑全球。此外，京东方在电视显示屏、桌面显示器显示屏、笔记本电脑显示屏、平板电脑显示屏及智能手机显示屏等半导体显示五大主流领域市占率均位居全球第一。

实践启示：技术强企

2003 年 1 月，京东方收购了韩国现代集团的液晶显示器业务，随后在北京上马建设一条 5 代线。"海外收购，国内扎根"战略使得京东方正式跨过 TFT-LCD（薄膜晶体管液晶显示）工业的门槛，经过两年多的努力，京东方生产出第一批国产液晶显示屏。对电视、电脑、手机来说，液晶显示屏的成本相对较低，但是部分不可或缺的环节，过去同样只能依靠海外进口。自从京东方打破技术垄断后，这些电子设备的价格迅速下降，让消费者真正受益。

自此之后，京东方一直没有停止技术研究工作，走上了一条"自主研发，产业报国"的道路。在早期所有进入 TFT-LCD 工业领域的企业中，京东方几乎是唯一走自主发展技术能力道路的，因为这个工业领域对中国来讲是缺乏经验的高技术领域，技术变化极快，投资强度极大，就当时的政府政策和工业发展模式而言，京东方选择了一条艰难的道路。但是，京东方从无到有，不断扩张，逐渐走向世界，凭借强大的技术能力，把液晶显示屏销往世界各地。京东方拥有自己的核心团队和核心能力，产业报国的信念已经根植于京东方产业大军的精神世界之中，在实战中迅速扩大队伍，不断积累创新优势。

"种子"技术员的不断成长。京东方早期一没资本，二没人才，2003 年刚进入这个行业时，国内甚至连半导体、液晶专业都没有，京东方将 120 多名学微电子专业的员工带到长城上，面对国旗高声宣誓，一定学好技术回国效劳。后来，这 120 多名"种子"技术员被派到韩国受训一年多，有的长达两年多。与此同时，京东方也在国内加快建线，建线完成后，这些受训回国的员工就可以承担一部分岗位的工作，带领京东方快速发展。

2004 年 8 月，当分批派到韩国受训的员工回国后，京东方员工数量达到 500 人。到 2005 年产品量产时，员工数量已达 1750 人，其中副科级以上的管理干部 80 多人，工程师近 400 人。员工培训、锻炼，其实也是学习提升的过程，对公司技术能力的整体提升非常有好处。自主建线方式激励着年轻的工程师保持学习和掌握技术的动力，一点一滴地把外来技术变成自己的能力，并在解决问题过程中快速成长起来，逐渐成为各个环节和领域的主力。

到 2009 年，京东方在 TFT-LCD 工业领域已经拥有 2000 多名专业工程师。这是当时国内同行业规模最大、掌握技术最全面、最有经验的一支技术队伍，他们成为京东方进行大规模扩张的主力。现在，京东方已经发展成为液晶显示面板领域的龙头企业，当年派到韩国受训的 120 多名员工，还在集团的超过 90%。这些人都已经成为京东方的骨干，甚至是公司的中坚力量，公司领导层中很大一部分是从这批"种子"技术员中锻炼出来的。

技术研发体系的不断完善。为促进公司的技术创新，京东方把集团的中央研究院、京东方光电（5 代线）研究所整合起来，成立了技术研发中心，建设系统的技术创新体系。不仅如此，京东方还明确规定：以集团的技术转让费和提成费收入建立起集团的技术创新基金。这笔钱谁也不能动，只能用于技术创新，这是京东方的"法律"。

在京东方，技术管理中心是集团技术创新管理的总部门，负责制定集团的技术战略并确定技术研发的重点方向，下设 3 个中心。一是技术研发中心，由集团中央研究院和京东方光电研究所整合而成，现在有 4 个中心，即 TFT-LCD 技术研发中心、大尺寸 OLED 研发中心、中小尺寸 OLED 研发中心、柔性现实技术研发中心，4 个中心的负责人全部拥有博士学位。二是产品开发中心，它有两个：一个开发大尺寸产品，另一个开发手机、平板电脑等小尺寸产品。三是生产技术中心，是最早建立的，以支撑运行为主，价值创造部分逐步强化，和生产线联系更紧密。

技术人员的"倒逼机制"。京东方建立了以市场和创新展倒逼技术人员的机制，简称"倒逼机制"。每年国际国内都有技术创新展，公司把新技术、创新产品全部展示出来，让大家来评价，各个部门打擂台。这种对创新的倒逼机制，促使技术人员投入更多的时间和精力在创新产品上。根据技术人员研发的产品在市场上的盈利水平，公司以 0.5% 的提成奖励给技术团队，同时还跟技术人员收入挂钩。倒逼技术人员既要创新产品，又要控制成本，这样才能有更大收益。

京东方在人才方面也做了不少工作，尊重技术人才、尊重技术，尽可能为技术人员提供更好的研发环境和平台，让他们能够安心工作。公司重视奖励技术员工，设立"研发精英奖"，对于解决了关键技术问题的技术员工给予奖金鼓励。

技术寻缘和研发的布局。在京东方的技术创新体系中，有一个叫技术寻缘体系，公司组建了一只基金，每年拿出 5000 万美元，在全球各地对现在和未来的显示技术、材料技术等进行寻缘。京东方在美国就有 4 个寻缘中心，分别在硅谷、波士顿、圣迭哥、休斯敦。同时，京东方在美国、日本、韩国还建有自己的研发中心。目前，京东方在北京、合肥、成都、重庆等地拥有多个制造基地，子公司遍布美国、德国、英国、法国、瑞士等 19 个国家和地区，服务体系覆盖欧、美、亚、非等全球主要地区。

广汽埃安的混改新模式

广汽埃安新能源汽车股份有限公司（简称"广汽埃安"）成立于 2017 年 7 月 28 日，是广州汽车集团股份有限公司（简称"广汽集团"）面向汽车"新四化"（电动化、智能化、网联化、共享化）发展智能网联新能源汽车的核心载体。广汽埃安秉承"成为世界领先和社会信赖的绿色智慧移动价值创造者"的企业愿景，坚持创新发展战略，5 年销量复合增长率高达 123%。广汽集团通过实施员工股权激励和引入战略投资者等方案，建立了广汽埃安长效激励机制。目前，广汽埃安已经在研发、产业链、智能制造、产品、营销与组织等方面形成了世界级的竞争力，成为新能源汽车头部企业。

2021 年 4 月，我在广州参加中国上市公司协会举办的年度"第二期上市公司治理专题培训班"期间，专程去调研过广汽集团，参观了公司展厅，并与广汽集团董事长曾庆洪就混合所有制改革、创新转型、高质量发展等进行了深入交流。我也参观了广汽埃安的车模工厂，广汽埃安具有行业领先的电动车技术、一流的智能化生产线，不仅为自己造车，还有新势力车企委托加工，车型设计也很有特点。这让我印象非常深刻。

主动混改

我国在联合国大会上提出"双碳"目标，即 2030 年碳达峰、2060 年碳中和。进入低碳时代，能源结构、生产生活以及各项活动，乃至价值观都会发生巨大改变。当今世界正经历百年未有之大变局，低碳化是这个变局中的一件非常大的事情。低碳化也带给我们很多机会。新能源汽车就是在这样的时代背景下发展起来的。

2022 年 3 月，广汽埃安的混改迈出了实质性一步。广汽埃安的混改模式有自己的特色，它不是因为经营困难而被迫进行混改，而是主动出击。与其说广汽埃安混改的是股权制度，不如说是一次对内部管理与外部经营理念的升级。在内部，广汽埃安将企业的效益与经营者、技术骨干和员工的利益有机结合产生正相关关系，企业的效益好了，给员工的利益也多了。在外部，一个更开放的视角使得广汽埃安的市场活力得到激发。

广汽埃安的混改模式与我多年前就提倡的混改理念有很多相似

之处，都是朝着市场化，激发企业活力的方向进行混改。混合所有制是把"金钥匙"，企业需要意识到的是如何找到匹配这把"金钥匙"的宝箱。混改就是要把国企的实力和民企的活力结合在一起，把国企的经济实力、规范管理和民企的市场活力、拼搏精神有机结合起来，形成企业的市场竞争力。其中，混改最核心的是要量身定做一套政策、一套体制，使它更加市场化。

混合所有制改革就像水和茶的融合，融合得好就是一杯上好的茶水。我做国企 40 年，我认为让国企完全市场化和让民企管理规范化都是很有难度的一项工作，而混合所有制提供了一个捷径，比较好地解决了国企市场化和民企规范化的问题，"混"得好，可以起到"1+1>2"的效果。混合所有制企业是一种新的所有制形式，既不能看成是传统的国企，也不能看成是民企，而是通过混合优势互补、国民共进的新企业形态。

研产销一体

广汽埃安成立于 2017 年 7 月 28 日，是广汽集团秉承自主创新的体系优势，面向未来发展成立的一家创新科技公司，是广汽集团新能源汽车事业的发展载体。广汽埃安秉承"成为世界领先和社会信赖的绿色智慧移动价值创造者"的企业愿景，坚持创新发展战略，在业内率先确立了"EV（纯电动）+ICV（智能网联）"的技术路线，打造了"先进、好玩、新潮、高品质"的高端智能电动车品牌，建成了全球领先的智能生态标杆工厂，推出了四款世界级产品 AION S/LX/V/Y 并实现 Plus 升级，成为全球新能源汽车头部企业，5 年销量复合增长率高达 123%，产销稳居行业前三。2021 年，广汽埃安生产汽车 13.15 万辆（含代工），同比增长 95%；销售 12.02 万辆，同比增长 100%；终端 12.36 万辆，同比增长 119%；产值 155.35 亿元，同比增长 63%。

就自主研发而言，广汽埃安重视技术路线的前瞻预判，坚定聚焦"EV+ICV"技术路线。在 EV 领域，广汽埃安的电池、电驱、电控核心技术达到了世界领先水平。在电池上，广汽埃安掌握了三元锂电池和磷酸铁锂电池两条技术路线。在三元锂电池方面，自研海绵硅负极片电池技术，第一个实现了 1000 千米超长续航；在磷酸铁锂电池方面，自研突破型铁锂技术，能量密度、成本等各项参数处于行业领先地位，自研基于石墨烯基的超级快充电池技术，实现 6 倍充电速率，充电 5 分钟，续航超 200 千米。在电驱技术上，率先开发应用三合一电驱系统，达到行业领先水平，自研四合一两档双电机也将实现产业化。在电控技术上，广汽埃安着重研发下一代碳化硅电控技术，以实现技术领先。此外，全自主开发的新能源集成控制器支撑软件在线更新（OTA）、车载以太网等电控产品新技术，均已实现量产搭载。在 ICV 领域，广汽埃安打造的 ADiGO 智能互联生态系统，涵盖智能驾驶、智能座舱、大数据、云平台等核心技术。

就智能制造而言，广汽埃安在广汽生产方式基础上，融合智能制造技术，实现行业首个大规模定制化生产，通过节拍可调的柔性化生产，达到最高 170% 的产能利用率。在供应力方面，广汽埃安采取"自主 + 合资合作"双战略，形成了领先、稳定、自主可控的产业链布局。在外购方面，通过强化战略合作，共同开拓市场，广汽埃安获得了稳定的供应保障和较强的成本竞争力。在自主产业化方面，广汽埃安不断提升垂直整合能力。

目前，广汽埃安智能驾驶和智能座舱方面处于行业第一梯队。

一是智能驾驶。在行车功能上，广汽埃安第四个实现行业领先的高速领航辅助驾驶，在超车规避体验方面领先同行企业；在泊车功能上，广汽埃安第二个实现记忆泊车技术，在记忆路线、手机远程操控和自动避障方面相对领先。

二是智能座舱。广汽埃安实现了首个量产 5G 智能座舱，交互功能丰富，智能化程度高，座舱应用生态丰富，在软件在线更新、网联生态云平台、车载以太网等技术方面均具备自主的软硬件开发能力。

创新变革营销新模式。广汽埃安在依靠经销商网络快速扩张的基础上，通过"一口价、低库存、高周转"和 App、直营店赋能经销体系，实现了类直营的效果，打造的"线上 + 线下、直营 + 经销、车城 + 商超"的营销新生态 2.0 具有很强的竞争力，有望成为业内渠道布局的典范。截至 2021 年年底，广汽埃安拥有 450 家经销渠道和 1 家直营店。在 App 方面，广汽埃安将 App 打造成为销售和售后服务的线上唯一入口，通过用户运营沉淀流量，实现口碑裂变，打造用户共创模式，为商业模式运营生态打下基础。

混改新模式

汽车工业在世界上是公认的竞争性行业，如果没有先进灵活的体制机制，如果不能吸引足够多的资金和人才，是很难在激烈的市场竞争中赢得持续发展优势的。特别是随着新一轮科技革命和产业变革的加速推进，国内车企外资股比全面放开，市场竞争更加激烈，加快和深化国有车企体制机制改革就显得更加重要。在广汽埃安领跑的同时，人们也对它的优势能否持续表示担忧。

广汽埃安长期以来不断研究机制改革，有效地吸引人才，加大员工激励力度。"混"是第一步，是一种手段，"改"才是关键，转机制增活力才是最终目的，在这种背景下，广汽埃安的混改结果变得更引人关注。广汽集团公告也指出，广汽埃安未来的发展方向——研产销一体、员工持股、引入战略投资者、择机上市。

广汽埃安混改是广汽集团的战略选择。2022年3月，广汽集团董事会审议通过《关于设立广汽能源生态科技有限公司的议案》后，广汽埃安能源产业布局迈出实质性的一步。广汽能源科技有限公司将围绕充换电网络建设及运营、技术研发、电池运营管理、能源交易、太阳能发电技术、储能技术、数据处理和存储等开展业务，预计未来几年将投资49.6亿元。如果广汽埃安未来完成混改和上市，其高质量发展带来的业绩和估值提升，对于广汽集团来说是非常有利的。

当前国内新能源汽车市场竞争已经进入白热化阶段，产业的快速发展与技术裂变对车企的自主创新能力和市场反应速度提出了极高的要求。当一批又一批的科技公司、互联网巨头选择加入时，"人"的问题也会凸显。而由于待遇、自主权乃至整个体系的不同，在传统车企新能源板块任职的高精尖人才，选择加盟造车新势力的人不在少数。广汽埃安通过混改将吸引更多的资金和优秀人才，这可以帮助其走得更快更稳。

2021 年 8 月 30 日晚，广汽集团发布《关于全资子公司拟开展混合所有制改革及引入战略投资者的提示性公告》，拟通过对新能源汽车研发能力及业务、资产的重组整合，推进广汽埃安的混合所有制改革，对它增资扩股并引入战略投资者。未来广汽埃安将充分利用资本市场，积极寻求适当时机上市。

资产与人员重组

2021 年 11 月 29 日，广汽集团董事会审议通过了《关于广汽埃安资产重组及增资的议案》，并披露了《关于全资子公司广汽埃安资产重组及增资的提示性公告》。广汽埃安将承接广汽研究院纯电新能源领域的研发人员，并通过现金增资、资产注入、现金购买及资本公积转增注册资本等方式实施内部资产重组。

在增资重组具体计划中，广汽集团以 74.07 亿元现金向广汽埃安增资，广汽乘用车以 35.57 亿元生产设备等实物资产向广汽埃安增资；广汽埃安以支付 49.75 亿元现金并承担负债方式购买广汽研究院、广汽乘用车等主体的纯电新能源领域相关无形资产、固定资产等；广汽埃安以部分资本公积转增注册资本。

内部重组为广汽埃安成为广汽集团纯电新能源汽车平台奠定重要基础，也使得广汽埃安在经营运作等方面获得了极大的独立自主性。一方面，广汽埃安与广汽研究院进行了人员与研发业务的重组，广汽研究院三电研发团队有近 600 人及部分专利技术转到了广汽埃安，大大提升了广汽埃安在新能源汽车科技研发上的实力；另一方面，广汽埃安也将拥有属于自己的从研发、制造到销售一体化的高效协同产业链，有助于获得更高的决策效率和更快的市场反应速度。

员工股权激励计划

随着国企中长期激励机制改革的日趋深入，中长期激励可选择的工具越来越多。

《关于国有控股混合所有制企业开展员工持股试点的意见》（国资发改革〔2016〕133 号）对"员工范围"进行了界定：参与持股人员应为在关键岗位工作并对公司经营业绩和持续发展有直接或较大影响的科研人员、经营管理人员和业务骨干，且与本公司签订了劳动合同。

为支持鼓励"双百企业"加大改革创新力度，《关于支持鼓励"双百企业"进一步加大改革创新力度有关事项的通知》明确提出，科研、设计和高新技术类"双百企业"的科技人员确因特殊情况需要持有子企业股权的，可以报经集团公司或地方国资委批准后实施，并要求有关"双百企业"应当在相关持股方案中明确关于加强对实施、运营过程监督的具体措施，坚决防止利益输送和国有资产流失。

此次广汽集团充分利用国家政策，在广汽研究院 4000 多人的队伍中层层筛选，挑选出 115 名核心科技人员授予广汽埃安股权。这是广汽集团作为国企改革"双百企业"用足政策红利、全力推进改革的一次创新性突破。

2022 年 3 月 17 日，广汽集团董事会审议通过了《关于广汽埃安实施员工股权激励及相关事项的议案》，同意广汽埃安采取非公开协议增资的方式，实施 679 名员工股权激励及广汽研究院 115 名科技人员持有广汽埃安股权，同步引入战略投资者。本次增资共计融资 25.66 亿元。该计划实施后，广汽集团直接及间接合计持有广汽埃安约 93% 股权，仍为广汽埃安控股股东。

员工股权激励计划是广汽埃安实施混改的重要组成部分。一方面，结合对广汽埃安敏捷组织改革、扁平化组织结构现状及现有人员一系列要素的综合考量，将广汽埃安 679 名员工纳入激励范围，员工股权激励覆盖范围约 20%，覆盖重要技术人员与经营管理人员，力度可谓空前。广汽埃安以此最大范围深度绑定公司核心员工，留住关键人才，携手推进新能源汽车事业。另一方面，广汽研究院作为广汽集团的研发主体，与广汽埃安业务联系更加紧密。

这些研发人才将能同时享受到广汽集团、广汽埃安的双重激励政策，最大程度激发出他们的创新活力。这种设计让这些科技人才与广汽埃安共享发展硕果，将有效带动广汽埃安提升研发实力。

引入战略投资者

在新一轮科技革命的浪潮以及国家"双碳"目标的助推下，新能源行业有巨大的发展潜力。传统的能源供应模式正面临深刻变革，在新的能源技术和智能化技术进步推动下，商业模式将发生改变。在广汽埃安看来，智能纯电动汽车在发展清洁能源发电、新型储能、能源互联网上具备天然优势，布局能源产业、构建可持续利用的能源生态是新能源车企深度参与国家战略，解决用户充电便利性痛点，赢得未来市场竞争的关键。现在很多的战略投资者愿意投资新能源汽车领域，也是希望赢得未来市场竞争的先机。

广汽集团引入中国诚通控股集团有限公司（简称"诚通集团"）、南网动能、广州爱安这三家满足国有资本布局结构调整需要的战略投资者，有助于推进广汽埃安体制机制的市场化改革，推动集团新能源业务板块高速增长。诚通集团是国资委首批建设规范董事会试点企业和首家国有资产经营公司试点企业。作为央企国有资本运营公司，诚通集团代表中国国有企业结构调整基金与中国国有企业混合所有制改革基金参与本次混改，将能链接到优质国企的资源及政策支持，赋能广汽埃安发展。南方电网与南航集团共同组建的专项基金"南网动能"作为战略投资者加入，将助力广汽埃安在布局充电设施及换电储能等能源生态建设、绿色出行生态共建及智慧交通技术合作业务方面的推进。广州产业投资控股集团有限公司牵头多家广州优质国企组建的基金"广州爱安"参与本次混改，也将有利于广汽埃安立足本地优势，继续深耕大湾区，推动业务发展。

实践启示：跨企持股

广汽埃安混改方案有不少创新。一是激励范围广、力度大。股权激励覆盖 794 人，共出资 18 亿元，覆盖企业经营管理人员和重要科技人员。二是激励模式新。科技人员跨企持股是国企混改制度的创新之举，体现广汽埃安对将来自主研发能力的重视。三是股权激励锁定周期长。此次股权激励设定 5 年锁定期，为将来企业的长远发展和战略实施提供了相对稳定的制度保障。很多人将之总结为"埃安混改模式"，重在以"混"促"改"。

改激励。自广汽埃安宣布开展混改，到完成内部资产重组整合，再到完成员工股权激励等动作，只用了短短几个月的时间，混改的各项关键工作有条不紊地推进落地。本次增资共计融资 25.66 亿元，其中股权激励对象出资 17.82 亿元，包括广汽埃安员工 679 名以及广汽研究院科技人员 115 名，共计 794 人。实施员工股权激励与广汽研究院科技人员持股，有利于留住人才，充分激发广大员工的积极性和企业活力。与此同时，与员工和核心科研人员进行绑定，也为企业长远发展和战略实施提供了稳定制度保障。

改治理。通过广汽研究院科技人员持股广汽埃安，广汽埃安率先打破了传统车企在研发、制造、销售环节的内部分包模式，实现研产销一体化高效办公，大大提升了广汽埃安在新能源汽车科技研发上的实力。此前广汽埃安采取总经理、副总经理、部长、科长、系长的组织体系，混改后将取消科长及以下干部，实行三级审批制度，横向扁平矩阵管理，打造真正的敏捷组织，提高数字化水平，提升工作协调效率。相信，随着广汽埃安混改进程的深化，企业的机制灵活度、人才吸引力和创新激励程度将得到长足的提升与改善。组织效率的提升也将为广汽埃安参与新能源汽车市场的高强度竞争提供有力支撑与保障。

改市场经营。科技人员跨企持股在外部形成一个更开放的视角，广汽埃安的市场活力得到激活，真正推进广汽埃安做强做优做大。2022 年上半年，广汽埃安累计销量达 100 251 台，仅 2022 年 6 月销量突破 2.4 万台，已位于电动汽车行业内头部行列。

目前，汽车行业正向"新四化"方向转型，广汽埃安通过混改吸引了更多的资金和各行各业的人才，必将助它走得更快更稳。与其他国有车企相比，此次广汽埃安的混改已走在了前列，站在新一轮科技革命和产业变革交汇点上，相信越来越多的企业会以广汽埃安混改模式作为标杆，不断努力，实现更大的进步。

绿城中国的跟投机制

　　绿城中国控股有限公司（简称"绿城中国"）是中国领先的优质房产品开发及生活综合服务供应商。公司坚持"品质为先"的理念，先后引入九龙仓集团、中交集团、新湖中宝作为战略性股东，以打造"TOP10中的品质标杆"为核心目标，布局三大板块（重资产、轻资产、"绿城+"）和九大业务（房产开发、房产代建、理想小镇、地产金融、绿城商业、城市更新、绿城康养、房屋4S、科技装修）。绿城中国高度重视人才队伍建设，2019年1月正式实施了《绿城中国共赢机制》，以员工、公司、股东共赢为初衷，建立了以项目跟投为核心，短、中、长期相结合的共赢机制，实现核心人才与企业的利益共赢、风险共担，助力公司提高运营效能。

2022 年 6 月，我应邀到绿城中国参访交流，参观了绿城大学，详细了解了公司的发展历程和经营情况，并与公司相关负责人就公司的规范治理、文化建设等进行了深入交流。绿城中国产品中的人文关怀、绿城人以人文精神和人文情感为核心的价值观，以及企业在推进混合所有制改革、开展跟投机制等方面的积极探索和实践给我留下了深刻的印象。

美丽建筑，美好生活

绿城中国 1995 年创立于杭州，2006 年成功在香港上市。公司以"理想生活综合服务商"为战略定位，始终以精诚之道、精深之术、精湛之为，不断满足人们对理想生活的追求，营造美丽建筑，创造美好生活。公司主要经营业务包括房产开发、项目代建管理、资产运营、物业服务等。

绿城中国一直坚持做高品质的产品，力求优美的设计、良好的质量以及卓越的管理服务，深受消费者的欢迎。绿城中国扎根大本营浙江，深耕长三角重点城市，辐射五大城市群，目前已实现主要一线、二线城市全面覆盖。2021 年，绿城中国严守产品红线，积极搭建工程智慧数字化平台和研发平台，践行"绿色智慧"产品战略，严控成本。同时，绿城中国持续通过科技赋能加速业务转型升级，在建筑科技、商业管理、产业金融和生活服务领域有了新的突破。

历经 20 多年的发展，绿城中国总资产规模超过 5200 亿元，净资产规模超过 1000 亿元。2021 年绿城中国品牌价值达 906 亿元，并连续 18 年荣获"中国房地产百强企业综合实力 TOP10""中国房地产公司品牌价值 TOP10"，连续 10 年荣获"中国房地产顾客满意度领先品牌"，多年荣获"社会责任感企业"等殊荣。

民企引入国企战略投资者

绿城中国 2012 年引入九龙仓集团，持股比例 24%；2015 年引入中交集团，中交集团通过收购管理团队 6.2 亿股的股份成为最大股东，持股比例 29%；2020 年引入新湖中宝，持股比例 13%。2021 年下半年，中交集团累计增持 0.8 亿股，至 2021 年末持股比例达 28.34%，是绿城中国的第一大股东。

中交房地产集团有限公司（简称"中交房地产集团"）是中交集团为实现"五商中交"战略目标而设立的专业化子集团，为国资委首次批准的以房地产开发与经营为主业的 16 家央企之一，绿城中国是中交房地产集团下设重要的地产业务平台，2021 年，绿城中国归母净利润（扣除永续债分派）占中交房地产集团净利润的 44% 和中交集团净利润的 11%。

绿城中国的管理架构稳定，有利于公司保持高效的市场化运营。有三位执行董事曾在中交集团履职，且都有多年房地产相关经历。有两位执行董事则是绿城老班底，运营管理经验丰富。董事会成员结构既有利于绿城中国与大股东中交集团的沟通衔接，又能兼顾经营策略和管理风格的持续性，而中、高层骨干大多为绿城中国的老班底，专业能力突出，房地产相关经验丰富，对公司具体业务更熟悉，有利于业务的高效开展。

民企引入国企战略投资者有很多益处。

- 可以吸收借鉴国企在管理和人才等方面的优势，取长补短，优化自身管理机制。
- 可以进一步提升品牌价值，降低融资成本。由于国企具有综合优势，信用较好，品牌价值大，更容易在资本市场获取支持，民企借助战略投资者的信用优势，有利于降低自身的融资成本。
- 可以获得协同效应。民企与实力雄厚的国企相结合，优化资源配置，实现优势互补，从而增强协同效应。

绿城中国引入中交集团后公司信用评级保持稳定，在2021年下半年以来地产销售端持续走低的行业背景下，穆迪自2020年3月以来维持Ba3评级及展望稳定，标准普尔自2016年5月以来维持BB-评级及展望稳定。

绿城中国引入中交集团后公司财务端持续优化。绿城中国与各大银行建立起稳固的战略合作关系。截至2022年3月末，集团已获总授信额度2677亿元，未使用授信额度1239亿元。境内发债成本维持低位。在 2021 年下半年以来房企信用债市场萎缩的情况下，公司仍能以较低成本发债，中交集团品牌以及信用背书优势得以充分体现。中交集团也曾认购公司永续债提供直接资金支持。中交集团共认购绿城中国发行的三笔永续债券，金额分别为 4 亿美元、5 亿美元和 10.14 亿元人民币，占 2014 年至今全部发行永续债总额的 24%，且认购利率低于市场同期利率水平，在提供资金支持的情况下不断增厚公司权益。

目前，绿城中国融资结构健康，融资成本逐年下降。截至 2021 年年底，公司有息负债从期限结构来看，以长期债务为主，一年内到期的短期债务占比降低至 25%；从融资渠道来看，银行借款占比为 69%，境内债券（含资产证券化产品）占比为 24%，另有少量来自境外债券和非标借款（分别占 4% 和 3%）。得益于公司融资结构的优化，各渠道融资成本下降，绿城中国的融资成本逐年降低，2021 年整体融资成本进一步降低至 4.6%，处于房地产行业的较低水平。

绿城中国主要通过发行公司债券、中期票据、供应链 ABS（asset-backed security，资产支持证券）、购房尾款 ABS、供应链 ABN（asset-backed medium-term note，资产支持票据）等方式进行多元化融资，提升抗风险能力。2021 年，绿城中国境内发债共计 257.2 亿元，平均利息成本仅为 3.55%。

以项目跟投为核心的共赢激励机制

2014 年起，房地产行业进入快速扩张阶段，行业集中度持续提升，强者恒强的"马太效应"日趋显著。房企的快速扩张必须以高速周转为前提，倒逼企业向项目经营管理层进一步放权，提升了企业对核心人才的依赖度。而在企业的内部，团队战斗力是企业生存与竞争能力的基本保障，团队动能不只来自企业文化的凝心聚力，更来自有效充分的激励机制。

2018 年 8 月，国务院国有企业改革领导小组正式启动了国企改革"双百行动"，要求在健全激励约束机制方面率先突破，规范实施员工持股、股权激励、岗位分红权等中长期激励，构建工资收入市场化对标体系，严格按照绩效考核结果，落实收入能增能减的"强激励、硬约束"机制。"双百行动"的指导思想、基本原则和行动内容等要求，为绿城中国的激励机制创新打开了思路。

为了实现员工与公司的绑定、提升员工的当家意识、构建员工与企业的命运共同体，绿城中国秉持"激发动能、优化机制、合法合规、共享共担"的原则，建立了一套完整、闭环、有效的激励机制，来统一认识、聚焦方向、激发动能，发挥好人的作用，实现企业的跨越发展。2019 年 1 月，绿城中国正式实施了《绿城中国共赢机制》，建立以项目跟投为核心的共赢激励机制，通过短、中、长期相结合的激励形式，实现股东、公司、员工的共赢。

管理层持股深度绑定利益。继 2006 年购股权计划届满后，绿城中国于 2016 年 6 月开启新一轮购股权计划，并于 2017 年、2018 年和 2020 年分别授出 1 亿股、890 万股和 7735 万股，合计约 1.86 亿股，覆盖现任董事和其他重要员工。此外，绿城中国于 2019 年 3 月推出股份激励计划，并于 2019 年 6 月和 2021 年 11 月分别授出 741.4 万股和 253.2 万股，合计 994.6 万股，其中授予现任董事 151.5 万股。2022 年股份激励计划的方案已通过公司董事会审批，合计 542.5 万股股份，并以此进行员工激励。股份激励计划已成为公司核心管理人员薪酬的重要组成部分，以激励股份替代部分现金发放。

除此之外，绿城中国结合自身的所有制背景、企业文化、发展基础，以合法合规为前提，从"资金投入、资金返还、利润分配、清算退出"四个方面开展跟投机制。

- 资金投入。将业内通用的"强制跟投"改为"责任跟投"，提升员工的接受度。设置与员工收入水平大致匹配的标准跟投额度，要求无差别投入项目，不为员工配资，杜绝员工加杠杆。设置"承诺跟投"，适度加大跟投额度的弹性，进一步促进投资质量的提升。
- 资金返还。项目经营基本安全后，在确保风险可控的前提下，安排逐步返还资金，可有效促进项目周转效率提升。
- 利润分配。基于已实现回笼资金对应的测算利润，在不同的去化阶段，以不同比例进行预分红，能有效提升激励及时性，起到更好的激励效果。

- 清算退出。以全盘交付和高去化率[⊖]为内部清算前提，可以有效保障项目完美收官。强制清算下车机制能确实提升员工的获得感，避免员工收益长期滞留在纸面上。

激励机制得以顺利推行的关键在于"广泛认同"和"信息透明"。跟投机制需要先从员工口袋里掏钱，让员工与公司同步投入。绿城中国以多种形式组织了数十场宣贯、答疑，并用具体项目案例进行测算推演，逐步打消了员工的疑虑，顺利开展了首次责任跟投募集，并在首次开放自愿跟投时受到了员工的追捧。

越是精心设计的机制，对落地执行的能力要求越高。为保障机制落地的计算精准、流程高效、推行无阻，必须将能力建立在组织上。绿城中国陆续编制了近 20 套线下计算套表、7 条固化工作流程、10 余个文件模板，拉齐了集团和子公司的推行能力。

在跟投机制实施之初，绿城中国就同步上线了信息化管理系统，并在使用过程中持续改进。跟投系统经过 4 轮修订后，实现功能改进近 400 项，在业内具备明显的领先优势。该系统已经成为集团与子公司共同的工作平台、管理平台，同时也是针对员工开放的窗口，员工可以在系统中认购跟投、查看收益、了解项目，大大增强了员工对跟投机制的信心和信任。

绿城中国的跟投机制让员工利益与其工作所及范围的集体利益

⊖ 在市场营销领域，去化率是指在一定时间段内的销售率。在房地产领域，去化率也称为销售率，主要是指某一特定时期内房产销售量占总量的百分比。

动态挂钩，而不是一劳永逸的存量控制。项目人员绑定项目效益，区域公司人员绑定区域效益，总部人员绑定上市公司效益，工作有交叉就多头绑定，形成多重利益边界的套叠格局，凝聚合力。在利益捆绑的同时，释放权限边界，激发效率，允许全国范围的销售人员打破项目边界交叉销售，允许区域公司跨界拿地。

实践启示：共赢机制

绿城中国坚持"改革、改变、改进"优化管理体系，严控风控体系，维持企业稳健发展。跟投机制实施以来，通过员工与企业的有效绑定，高效扩大管理半径，提高员工执行力，形成了"利出一孔、力出一孔"的局面。实践上，绿城中国持续聚焦高能级和基本面良好的城市，跟投带来的潜在风险可控，激励效益明显。

让工作者共享劳动成果。一方面，绿城中国对中高层实施跟投的措施，深度绑定了中高层利益，促使中高层、项目负责人持续关注公司利益和财务指标。另一方面，公司对每个项目设置了一定的跟投上限，这既保证公司利益，也让普通员工有机会参与项目跟投，贯彻了绿城中国"让工作者共享劳动成果"的企业宗旨。

绿城中国以项目跟投为核心的共赢激励机制是一种多角度的动态共生机制，可持续演化完善。在推行过程中，绿城中国一直不忘"激发动能"的初心，根据行业大势、实施效果、员工反馈动态优化跟投机制，自 2019 年至今，已经历了 4 轮修订。通过跟投机制，绿城中国的利益空前地与国家、业主、股东、管理层及员工一致，有助于保留和激励公司的核心人才，并促使员工为公司未来的长期发展做出更大贡献，与公司共同成长。

以稳健的运营状态保持良好的发展势头。绿城中国通过优化运营管理模式，项目运营效率获得大幅提升；同时得益于绿城云、绿城智、绿城源线上销售、智慧案场、销售管理数字体系的升级和应用，整体去化率提升。2021 年，绿城中国营业收入首次破千亿元，达到 1002.4 亿元，同比增长 52.4%；净利润 76.9 亿元，同比增长33.4%；净负债率为 52.0%，同比下降 11.8%。

绿城中国年度销售合同、新增货值稳步增长。新增货值中21% 实现当年销售转化，新开工面积同比增长 29%，竣工面积同比增长 23%。2021 年，绿城中国实现合同销售金额 3509 亿元，同比增幅达 21.3%，顺利完成并超越 3100 亿元的销售目标，目标完成率达 113.2%，增速继续处于上升通道。绿城中国人均销售额 1.05亿元，同比增长 12%，处于行业较高水平。这主要得益于绿城中国周转运营效率明显增强，踏准市场节奏，供货节奏持续优化。

后 记

《共享机制》前后写了两年有余，总算要脱稿出版了。这本书写作的动因有两个：一是国企改革三年行动把经营机制改革作为八大任务之一，而经营机制又是整个改革的核心动力；二是清华大学中国现代国有企业研究院希望在国企改革方面与我合作做个研究项目。于是，这本书就开始酝酿和写作了。

我是个机制主义者，这主要与我做企业40年的经历有关，无论是个人的亲身经历还是自己的观察，我发现好企业大多有良好的机制。2014年，我在总结混改试点经验时，曾对机制的概念进行了界定。所谓机制，就是企业效益和经营者、技术骨干、员工利益之间的正相关关系。这是我切身实践和观察得出的结论。

有关机制本身的认识，我在两年来的写作过程中也有了从量到质的升华。过去，我所讲的主要是激励机制，更多地将机制视为手段，把员工视为企业的雇员，机制是用来激发员工的积极性和创造性的。随着我对新发展理念学习的不断深入、对共同富裕理解的不断加深，以及对企业的目的认知上的升华，我觉得应该把激励机制升华为共享机制，把企业当成利益相关者的共享平台，使员工真正成为企业的主人翁。我相信，这样的企业更有创新能力和竞争力，更受社会尊重。

这本书共分为三篇：第一篇讨论的是共享的逻辑，我是个实践者，没有太深的理论功底，我的一些观点来源于我的学习和实践体会，也会因我的工作性质而存在一定的局限性。后来，我为中国国际金融股份有限公司（简称"中金公司"）经理们讲过三个小时的共享企业课程，经过进一步的总结和精练，形成了第一篇的观点和内容。第二篇探讨的是共享的机制与平台，是我这些年经常思考的一些问题，在我发表过的文章和做过的主题演讲中都有提及。比如，《国资报告》刊发的《机制革命和企业家精神》，第五届《清华管理评论》管理创新高峰论坛暨《清华管理评论》创刊 10 周年庆典上的主题演讲，等等。第三篇介绍的是共享机制的实践，我选了 12 篇有关共享机制的企业案例，其中有我在中国建材工作时所属企业的案例，更多的是我访谈或观察过的优秀企业的实践案例。这些年来，我走访了不少企业，仅上市公司就有上百家。我从中选出一些企业案例，这些企业我不仅去过，还跟企业高管进行过深入交流。这些企业案例中的内容，既有我访谈时获悉的，也有企业提供的，还有一些通过公开资料整理的。其实，编写企业案例并不容易，我只能有选择地进行归纳、总结和提炼，肯定有不少挂一漏万之处。

这本书是我与清华大学中国现代国有企业研究院合作研究项目的成果之一。在清华大学经济管理学院院长、清华大学中国现代国有企业研究院院长白重恩的亲自指导下，我们对书稿框架进行了详尽的论证，在案例遴选上下了不少功夫，也深入企业做了大量调研和认真研究。该研究的重点内容后来在清华大学中国现代国有企业研究院学术委员会上进行了交流讨论，作为清华大学中国现代国有企业研究院学术委员会主席，我参加并积极听取了大家的意见和建议。

在成书过程中，本书始终得到清华大学经济管理学院、清华大学中国现代国有企业研究院、中国企业改革与发展研究会的大力支持。在看过这本书的成稿后，白重恩院长欣然为本书作序。清华大学经济管理学院副院长、清华大学中国现代国有企业研究院副院长薛健和于雁芳老师做了很多细致的沟通与对接工作，研究员梁丽华老师花了大量时间整理书中的案例，清华大学在读经济学博士王悦帮助整理了第一篇的内容，中国企业改革与发展研究会的李秀兰同志帮助整理了第二篇的内容。在案例编写过程中，各相关企业也提供了诸多帮助和支持。应该说，这本书是集体智慧的结晶。

近几年，机械工业出版社出版了我的《企业迷思》《经营制胜》《三精管理》，即我的经营管理三部曲。在《共享机制》的编辑过程中，机械工业出版社的编辑做了大量的工作，尤其是吴亚军，可以说他对这本书稿进行了极其细致的编辑工作，使这本书能以更高的质量呈现给广大读者。机械工业出版社的定位高度和严谨细致的职业精神给我留下了深刻印象。由机械工业出版社推出这本书，我心里十分高兴。

在此，再次感谢所有支持和帮助本书出版的朋友，也深深地感谢每一位读者。

宋志平

2023 年 3 月